生死學叢書

傅偉勳 主編

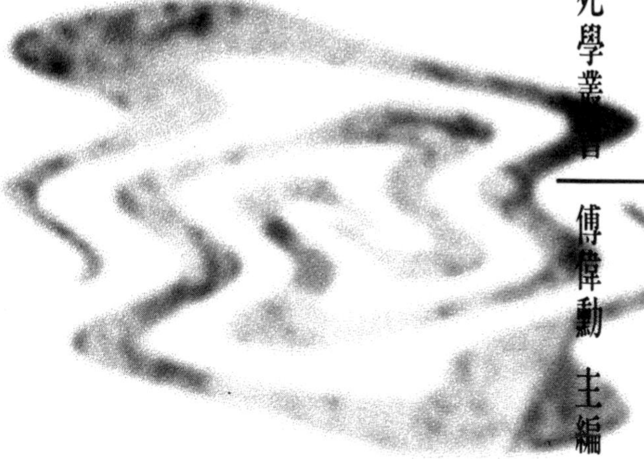

從癌症體驗的人生觀

田代俊孝 編／徐明達・黃國清 譯

東大圖書公司

國家圖書館出版品預行編目資料

從癌症體驗的人生觀／田代俊孝編，徐明達，黃國清譯．--初版．--臺北市：東大發行：三民總經銷，民86
面；　　公分．--（生死學叢書）
ISBN 957-19-2128-9（平裝）

1. 生死觀

191.9　　　　　86008263

國際網路位址　http://sanmin.com.tw

ⓒ 從癌症體驗的人生觀

編著者　田代俊孝
譯　者　徐明達　黃國清
發行人　劉仲文
著作財產權人　東大圖書股份有限公司
臺北市復興北路三八六號
發行所　東大圖書股份有限公司
地　址／臺北市復興北路三八六號
電　話／五〇〇六六〇〇
郵　撥／〇一〇七一七五──〇號
印刷所　東大圖書股份有限公司
總經銷　三民書局股份有限公司
門市部　復北店／臺北市復興北路三八六號
重南店／臺北市重慶南路一段六十一號
初　版　中華民國八十六年八月
編　號　E 19033
基本定價　叁元陸角
行政院新聞局登記證局版臺業字第〇一九七號

ISBN 957-19-2128-9（平裝）

「生死學叢書」總序

兩年多前我根據剛患淋巴腺癌而險過生死大關的親身體驗，以及在敝校（美國費城州立天普大學宗教學系所講授死亡教育(death education)課程的十年教學經驗，出版了《死亡的尊嚴與生命的尊嚴——從臨終精神醫學到現代生死學》一書，經由老友楊國樞教授等名流學者的強力推介，與臺北各大報章雜誌的大事報導，無形中成為推動我國死亡學(thanatology)或生死學(life-and-death studies)探索暨死亡教育運動的催化「經典之作」（引報章語），榮獲《聯合報》「讀書人」該年度非文學類最佳書獎，而我自己也獲得「死亡學大師」（《中國時報》、「生死學大師」（《金石堂月報》）之類的奇妙頭銜，令我受寵若驚。

拙著所引起的讀者興趣與社會關注，似乎象徵著，我國已從高度的經濟發展與物質生活的片面提高，轉進開創（超世俗的）精神文化的準備階段，而國人似乎也開始悟覺到，涉及死亡問題或生死問題的高度精神性甚至宗教性探索的重大生命意義。這未嘗不是令人感到可喜可賀的社會文化嶄新趨勢。

配合此一趨勢，由具有基督教背景的馬偕醫院以及安寧照顧基金會所帶頭的安寧照顧運動，有了較有規模的進一步發展，而具有佛教背景的慈濟醫院與國泰醫院也隨後開始鼓動臨終關懷的重視關注。我自己也前後應邀，在馬偕醫院、雙蓮教會、慈濟醫院、國泰集團籌備的臨終關懷基金會第一屆募款大會、臺大醫學院、成功大學醫學院等處，環繞著醫療體制暨醫學教育改革課題，作了多次專題主講，特別強調於此世紀之交，轉化救治(cure)本位的傳統醫療觀為關懷照顧(care)本位的新時代醫療觀的迫切性。

在高等學府方面，國樞兄與余德慧教授（《張老師月刊》總編輯）也在臺大響應我對生死學探索與死亡教育的提倡，首度合開一門生死學課程。據報紙所載，選課學生極其踴躍，居然爆滿，出乎我們意料之外，與我五年前在成大文學院講堂專講死亡問題時，十分鐘內三分之一左右的聽眾中途離席的情景相比，令我感受良深。臺大生死學開課成功的盛況，也觸發了成功大學等校開設此一課程的機緣，相信在不久的將來，會與宗教（學）教育、通識教育等等，共同形成在人文社會科學課程與研究不可或缺的熱門學科。

我個人的生死學探索已跳過上述拙著較有個體死亡學(individual thanatology)偏重意味的初步階段，進入了「生死學三部曲」的思維高階段。根據我的新近著想，廣義的生死學應該包括以下三項。第一項是面對人類共同命運的死之挑戰，表現愛之關懷的（我在此刻所要強調的）「共命死亡學」（destiny-shared thanatology），探索內容極為廣泛，至少包括（涉及自殺、死刑、安樂死等等）死亡問題的法律學、倫理學探討，醫療倫理（學）、醫院體制暨醫學教育改革課題探討，（具有我國本土特色的）臨終精神醫學暨精神治療發展課題之研究，老齡化社會的福利政策及公益事業，死者遺囑的心理調節與精神安慰，「死亡美學」、「死亡文學」以及「死亡藝術」的領域開拓，（涉及腦死、植物人狀態的）「死亡」定義探討，有關死亡現象與觀念以及（有關墓葬等）死亡風俗的文化人類學、比較民俗學、比較神話學、比較宗教學、比較哲學、社會學等種種探索進路，不勝枚舉。

第二項是環繞著死後生命或死後世界奧祕探索的種種進路，至少包括神話學、宗教（學）、文學藝術、（超）心理學、科學宇宙觀、民間宗教（學）、文化人類學、比較文化學，以及哲學考察等等的進路。此類不同進路當可構成具有新世紀科際整合意味的探索理路。近二十年來愈行愈盛的歐美「新時代」（New Age）宗教運動、日本新（興）宗教運動，乃至臺灣當前的種種民間宗教活動盛況等等，都顯示著，隨著世俗界生活水準的提高改善，人類對於死後生命或死後世界（不論有否）的好奇與探索興趣有增無減，我們在下一世紀或許能夠獲致較有「突破性」的探索成果出來。

第三項是以「愛」的表現貫穿「生」與「死」的生死學探索，即從「死亡學」（狹義的生死學）轉到「生命學」，面對死的挑戰，重新肯定每一單獨實存的生命尊嚴與價值意義，而以「愛」的教育幫助每一單獨實存建立健全有益的生死觀與生死智慧。為此，現代人的生死學探索應該包括古今中外的典範人物有關生死學與生死智慧的言行研究，具有生死學深度的文學藝術作品研究，「生死美學」、「生死文學」、「生死哲學」等等的領域開拓，對於「後傳統」(post-traditional)的「宗教」本質與意義的深層探討等等。我認為，通過此類生死學的種種探索，我們應可建立適應我國本土的新世紀「心性體認本位」生死觀與生死智慧出來，有待我們大家共同探索，彼此分享。

依照上面所列三大項現代生死學的探索，這套叢書將以引介歐美日等先進國家有關死亡學或生死學的有益書籍為主，亦可收入本國學者較有份量的有關著作。本來已有兩三家出版商請我籌劃生死學叢書，但我再三考慮之後，主動向東大圖書公司董事長劉振強先生提出我的企劃。振強兄是多年來的出版界好友，深信我的叢書企劃有益於我國精神文化的創新發展，就立即很慷慨地點頭同意，對此我衷心表示敬意。

我已決定正式加入行將開辦的佛光大學人文社會科學學院教授陣容。籌備校長龔鵬程教授屢次促我企劃，可以算是世界第一所的生死學研究所(Institute of Life-and-Death Studies)之設立。希望生死學研究所及其有關的未來學術書刊出版，與我主編的此套生死學叢書兩相配合，推動我國此岸本土以及海峽彼岸開創新世紀生死學的探索理路出來。

一九九五年九月二十四日傅偉勳序於
中央研究院文哲所（研究講座訪問期間）

「生死學叢書」出版說明

本叢書由傅偉勳教授於民國八十四年九月為本公司策劃，旨在譯介歐美日等國有關生死學的重要著作，以為國內研究之參考。傅教授從百餘種相關著作中，精挑二十餘種，內容涵蓋生死學各個層面，期望能提供最完整的生死學研究之參考。傅教授一生熱心學術，對推動國內的生死學研究風氣，更是不遺餘力，貢獻良多。不幸他竟於民國八十五年十月十五日遽爾謝世，未能親見本叢書之全部完成。茲值本書出版之際，謹在此表達我們對他無限的景仰與懷念。

東大圖書公司編輯部　謹啟

序

前幾天，某先生似有所感地對我說：「過去光注重尋找生存的價值，強調儘量充分利用生命，難道死就毫無可資利用的價值嗎？我們為何老是把死想成是消極負面的，不也該有其正面積極的意義嗎？」

利用死亡的價值，這種措詞可能不太恰當，但我們親自「向死亡學習」的人生經驗彌足珍貴，遺憾的是過去我們都忽略了。回想過去我們不是都託死人之福，才能察覺到「生命」，並了解活著的可貴，逐漸喚醒我們的人性嗎？老、病也是一樣，而且越是發生在自己的親人身上，越是感觸良深。若是把目光向內凝視自己的老或病時，更有刻骨銘心的體驗。

曾經舉辦過的東京奧林匹克運動會，當時的主題「更快、更強、更富」背後所象徵日本高度成長期的福祉是「委託福利」，即所謂「代理服務」。在經濟掛帥中，為了賺更多的「金錢」，家人全都外出工作，把小孩託付給托兒所和保育所，放棄教育子女的責任。結果，父母親並沒有做到「真正的父母親」。因為通常孩子一歲時，父母親要算是資歷最淺的一年級父母，而唯有在養育子女的過程中，才算是開始學習當父母親，學習做人。現代社會、家庭、學校教育的偏差或失敗，都應歸咎於我們（包括筆者自己）這些人沒有確實盡到為人父母的職責。

老人問題也相同，唯有真正和老人一起生活，才會發現存在其中的種種問題，也才有機會親身體會學習如何做家屬、做人的道理吧！甚至也可以了解自己不久即將面臨的老年問題。在高齡化的社會中，希望儘量能避免把老人託付給養老院後就棄之不顧的不負責作法，即使情非得已非託付不可，至少須經常保持心靈的溝通連繫。就意義上而言，在家安養，也許我們在體力上會非常辛苦，但是帶給我們的卻是無法用「金錢」加以衡量的寶貴人生經驗。

死的問題也是如此，只要我們把「死」推給醫院，當成忌諱看待，這樣我們什麼也沒學到，將來自己如何能承受必定會面臨的「死亡」問題呢？假如不去凝視面對死亡，是永遠看不清它的真相的。

每個人都希望能夠安詳地躺在自家的床上迎接死亡，而且這樣也可讓遺族更深刻地體會到「生命」和「生活」的意義。死亡不但不是負面的，更應該說是帶給我們無法用金錢衡量的寶貴經驗呀！所以我才說，我們今後應該向癌症學習、向死亡學習。

「探討生死問題研究會」的成立宗旨，就是希望「經由向死亡學習，探討足以應付面對死亡而過著有意義的生活」。對於我們微弱的呼聲，希望獲得廣大市民的熱烈回響。屈指一算，一九八八年七月以來，研究例會也舉行了十八次，特別討論會、分科會、以及死亡心理諮詢師養成講座的推廣，對歷來活動的熱情支援者，在此一併致謝。希望今後能更加發揚光大，因而撰文為序。

田代俊孝
一九九〇年五月

從癌症體驗的人生觀　目次

第二部分　學習死亡

死而後生的探索

正視死亡更能充實生命。

為了充實自我的人生，也為了能與面臨死亡的人心靈共鳴，共同超越死亡的痛苦，我們實應認真探索死亡，並進而了解生命的真諦。

探討生死問題研究會（毘訶羅研究會）

第一部分

向癌症學習

1 我的癌症體驗

伊神義行

我就是剛才承蒙介紹的豐和醫院院長伊神義行，也是一位臨床醫生，對宗教的認識還相當粗淺，不過應「探討生死問題研究會」之邀，希望我能在毘訶羅(Vihāra)研究會裡，提供一些對大家有幫助的話，正好因為個人曾經罹患過胃癌，就以親身的體驗向大家報告。希望在這寶貴的時間裡，每個人多少都能帶點收穫回去，將是我最大的榮幸。

癌的徵兆

首先我想忠實地敘述罹患癌症的過程，不過因個人能力有限，要講得條理分明，可能力有未逮，故事情節難免東拉西扯，這一點，請各位多多包涵。我今年是五十一歲零十個月，昭和五十二年七月十五日，在愛知縣的癌中心接受胃癌手術，至於自己在什麼情況下得知罹患胃癌，也就是說第一次察覺到自己生病的徵兆，大概在這一年的五月中旬吧！當時自己身體上還沒出現任何症狀，洗完澡後，正逢五月，身體覺得渾身發熱，就只穿內褲，整個人一骨碌地橫躺在沙發上直冒冷汗，當時手自然擱在肚子上，這是平日利用觸療檢查患者腹部所養成的習慣動作，也自然而然地按住自己的腹部檢查一番，完全是一種毫無意識的自然反射動作，當時所摸的位置便是在左肋骨的水平線和通過乳頭垂直線的交點，通常我們醫生在標示人體的特定部位時，都習慣利用肋骨弓和乳線，這縱橫的兩條線或其交點為基準，以距離左邊或右邊幾公分來標示，而我剛好在通過肋骨弓和左乳頭垂直的交點的直下方，可摸到約小指頭大小的硬塊，這就是我第一次察覺到自己的異常，完全是偶然的巧合。

儘管自己當醫生，當遇到自己的情況，卻反而給自己找一個過度樂觀的解釋，只有一瞬間閃過「奇怪！這是什麼啊！」的念頭，但隨即又想到正好在戰爭結束那年，大概在二十歲左右時，有點營養失調，而罹患輕微的肺結核。因為有過這樣的病歷，所以就找最方便的解釋來說服自己：

「當時腹部患有淋巴腺結核，後來雖然痊癒了，但經過長時間的發生石灰沉澱現象，而形成的硬塊。」

如果同樣硬塊發生在患者腹部，我想我一定不會做那麼天真的解釋。儘管自己內心如此安慰自己，可是摸到硬塊，再怎麼說，心中的陰影還是揮之不去，從此之後，就會經常主動地去留意，檢查腹部這個硬塊的變化情形。每天這樣做，經過了大約兩週的時間，發現到硬塊一點一點地變大了。

這時我才開始緊張：「大事不妙，搞不好是惡性的吧！」最初雖無自覺症狀，經過兩週左右，才逐漸地感覺到身體的不對勁，還有一個原因，我原本喜歡喝酒，幾乎每晚需喝相當量的酒才過癮，可是如今稍稍喝點酒，胃就會覺得很脹，再也喝不下去了。即使想吃飯，卻一點也吃不下；這種現象逐漸地顯現出來。六月十日剛好是昭和二十四年同屆畢業的醫生同事的同學會，大家相約在料理店聚餐。當時想到一旦喝了酒，就會有吃不下的毛病，又不願浪費繳了高額會費而難得吃到豐盛佳肴，因此拖定主意，雖不能喝酒，至少也要吃點菜的心理，然而當我滴酒未沾，正想大快朵頤時，才吃了幾口，結果胃有脹滿的感覺，再也吃不下了。我當時心裡就有了覺悟。

「這和喝不喝酒並沒關係，而是內部有個硬塊的緣故，才有這種症狀顯現出來。」

從此以後，大約經過一週左右吧！某日的上午，當我開始看門診的時候，胃開始幽幽地痛起來了。一般人談到「痛」，都認為是人在生病時，最會折磨人的元凶惡煞；然而從另一個角度來看，痛這玩意兒，對人類是一項極為珍貴的警告信號，讓人能早日警覺到自己的健康出了問題。帶有提醒病人「要稍微注意自己的健康啊！你的身體有點不太對勁呀！」的一種警告。第一次感覺到痛時，心中覺得不太舒服，但我忍耐一陣子後，它就自然消失了，於是又繼續看門診。因為隔壁就有醫生同事，只要我開口要求「請幫我做一下胃的檢查吧！」馬上就能做檢查，然而不曉得為什麼這種疼痛，即使是醫生也很畏懼排斥檢查身體，有這種心理的不只我一人，據我和其他醫生同事閒聊所知，通常患有類似症狀的人，都非常不願意接受檢查。

第一次感到疼痛的數日後，仍繼續看門診，可是不久疼痛再度開始作怪了，於是內心暗下決定，差不多該認命了，不能再拖延下去了。因此對另一位醫生說：「這裡有點怪怪的，請幫我診察一下。」於是那位醫生按正常程序，很快地幫我摸一摸腹部做腹診。

「我馬上幫你做X光檢查吧！」

我第二次感覺疼痛時，正好是星期五，因下週一，我有門診，所以約好在門診之前做胃的X光檢查，於是就在星期一，由同事醫生幫我做X光檢查。

當時我自己醫院透視用的診斷裝置，並非像現在的電視機方式，而是在黑暗的屋子裡以螢光板照見胃的形狀，做診斷的方法，在黑暗中幫我做透視的醫生，邊做種種照攝，邊安慰道：「還好啦！不是很嚴重。」「一點點，小意思。」我心裡很清楚這是同事醫生安慰我的話，不過畢竟照了幾張相，只要從這些相片來看，事實上是矇騙不了的，大致照攝完畢，因患者正等著我幫他們看病，於是就出去開始門診。因有自動洗相機，十張左右的照片，只要十分鐘，就可沖洗出來了。

因此，十分鐘後，到底會有什麼樣的報告出現呢？此時此刻的心情既忐忑不安，又想早點知道結果。可是經過十五、二十分鐘，卻沒有任何消息。我自己也就愈來愈坐立不安，大約過三十分鐘左右，正好患者較少，於是就暫時停止門診，親自赴X光室一趟。

誠如一般所知，醫生要看X光片時，通常都是把它夾在內部裝有日光燈的合成板上來判讀結果，即一般所謂的「X光判讀板」。在診斷室的「X光判讀板」掛著我胃部的底片，有兩位醫生和一位X光技師默默地站在前面，此時我突然探頭進去，他們都嚇了一跳，因為是我獨自前往而碰到，所以自己能看到全部的檢查結果。於是，剛才所談到的那個地方，正好是肋骨弓和左乳腺交會處的直下方，這是胃的大彎邊，在胃外側線的部分。

從胃的最底部，稍左上處，有一陰影黑洞，換句話說，照X光前所喝的鋇，沒進到此處，而形成中間變細，以肉眼可以看得很清楚。在這之前根據自己診斷，就心裡有數，大概百分之九十八的機會，我一定是罹患了胃癌。但畢竟人是脆弱的，而且證據確鑿擺在眼前是無法逃脫的，這時心裡遭受非常大的震憾，一下子感到臉色蒼白、頭暈目眩。不過，好歹我自己也是位臨床醫生，當場不能有任何顯示脆弱或失常的表情，因此故作鎮定狀。事後聽別的醫生同事說：

「他們正很煩惱地在討論這個結果，因不能不向您報告，但又不知如何啟口？不曉得等一下要如何掩飾矇混這診斷結果呢？」

當然這些話我並沒有直接聽到，不過隱約之間也可猜出一個大概，當時心中頗為反感，他們又何必這樣地欺騙我呢？那天下午，因為愛知縣癌症防治中心有幾位學長和學弟，於是我就立刻打電話給其中一位學長，當我告訴他：

「自己可能得了胃癌，希望幫我再檢查一下。」

「開什麼玩笑呢？」他根本不當一回事，不相信地說。

不過我的口氣是很認真的，所以對方也改變先前的態度說：

「明天（星期二）上午，我有門診，請你過來。」

星期一晚上，回家時第一次向太太告知這件事，在此之前，什麼也沒對太太說過，甚至連醫院中的職員也都沒提起。惟有向太太這位最親密的人說：「也許我已罹患了胃癌。」

星期二，拿著在自己醫院所拍照的X光片前往診療。當然癌症防治中心的內科診察室裡也有X光判讀板，所以學長就動作俐落地把幾張X光片安上去，很快地進行判讀。通常來說，醫生都會問病人，什麼時候開始發生的？什麼時候變成這樣？做種種診察後，再歸納出病因。但對我比較特別，這類的檢查，這樣的治療步驟，全都免了。很快地看X光片，而直截了當地說一句：「動手術吧！」當然，我已預料醫生會這麼說，就乾脆回答：「一切拜託了。」

不過，愛知縣癌症防治中心也有很多病患，即使是同行，總不能把其他的病患攆走而讓出病床，於是就先預約，等待有空床才住院。就醫學上的資料來說，只擁有在我自己醫院所拍攝的X光片並不夠，所以在等待期間，就在癌症防治中心照胃鏡，再做X光檢查。幫我做胃鏡檢查的是在當地有名的消化器癌權威春日井醫師，胃鏡檢查完後，春日井醫生問我說：

「手術預約已經安排好了嗎？」

「已經預約好了。」我回答說。

當這次檢查完畢後，我醫院裡的職員們曾引起一陣騷動，當然這消息傳遍了整個醫院，大家都相當震驚，且為我的事擔心。我在一、二日內把手邊的事情做個整理，就像若無其事般的，不管發生什麼事也不後悔。到了七月八日癌症防治中心來電通知，確定有一空病床，請我住院。於是八日，我就住院了，此時還不太會痛，所以醫院裡送來的稀飯也覺得很好吃。

第一次看X光片的那位內科學長幫我決定主治醫師，當然學術地位崇高固不待言，尤其難能可貴的是以外科醫生來說，他真的是一位思想縝密、深解人性的醫生，我看到他就有一種感覺，他是我的救命貴人。按例有手術前的檢查，這種確認一下身體是否能經得起手術的各種前置檢查，持續了一週，這位外科的主治醫生最在意的是：硬塊是否有沾黏呢？雖然我自己也做觸診，但這位醫生則更慎重地診察這一帶。所謂沾黏，說得具體些就是已擴展到周圍，可以推斷開刀後的預後效果會較差。若硬塊還能移動的話，可以說它尚被限定在一定的範圍內。主治醫師問我：

「幫你做腹診的結果，我想腫瘤好像還會移動，您覺得如何呢？」

「耶！我也覺得能移動，也許沒沾黏吧！」

癌的手術

決定在十五日動手術，手術的前一天，當然就被禁止飲食，因此前二日的晚上對太太說：這是自己胃最後吃東西的機會。

「想吃些什麼呢？」太太問我。

「想吃鮮美的魚！」我回答說。

於是太太就到壽司店去幫我買做壽司用的魚，這天晚上，吃壽司用的魚，真是太好吃了。

吃完後，和我的胃就暫時告別了。我自己猜想且心裡有數，手術的結果可能會變得很嚴重。

這次被安排來演講，是看了當時放在枕邊的小筆記本，所記載的點點滴滴，當然只能記錄住院之後到手術前一天的感想，其中有一句，我曾經思考過的話：「不要思惟，不要情緒化，一切順其自然。」這是我當時真實的感受。

得到這種病的人往往會情緒不穩、意志消沉，這類事情時有所聞。正因如此，我不想重蹈覆轍，無論如何要設法維護自己的人性尊嚴。總之，我現在所說的：「不要思惟，不要情緒化，一切順其自然。」就是我當時維護自己僅存的一點人性尊嚴的最佳武器。

手術的一刻終於來臨，因為涉及極其專業的醫學領域，在此恕不贅言。早上九點進入手術房，其後聽太太說，回到恢復室大約是下午三時左右，總共約六小時，當然這並不代表真正的手術時間就是六小時，因為手術結束後，有二、三小時在恢復室的緣故。被上了麻醉藥完全喪失意識，只知再次聽到他人的聲音時，是被人用推床從手術室送到恢復室的途中，第一次幫我診斷的學長醫生大聲叫我：

「喂！伊神君！癌刮得很乾淨，請安心吧！」

雖然恍恍惚惚，但還記得很清楚。隨後，又睡著了！再次醒來，已在病房，此時為下午三時。後來一週左右，每晚被幻覺所困擾，怎麼會有這樣的現象呢？我猜想當然因手術時，曾經使用嗎啡和其它鎮痛劑所造成的一種身體失調的反應吧！

手術後，無法用口進食，從鼻子到胃插入一根橡皮軟管。一般來說，手術之後，通常到放屁為止，口裡不能吃任何東西。那是因為腸子正處麻醉狀態，若吃進東西，會造成嚴重的後果。直到腸再度恢復蠕動，將氣體以所謂的屁排出，這是醫生做為判斷腸管恢復蠕動的證據，在這之前嚴禁吃任何東西，腸子剛開始恢復蠕動時非常疼痛。過去從來沒有親身經歷過，據說我的排氣比別人晚許多，好不容易挨到第八天才排出氣體，於是拔掉橡皮軟管。可以開始吃流質食物大概是手術後的第五天吧！插入橡皮軟管時，以點滴來補充必要的水分，因為完全沒有經過嘴巴，非常口乾舌燥，就帶點任性的口氣對醫生說：

「不管怎樣，我想喝水啊！」

「才剛動完癌症手術，絕對不行！」主治醫師第一次說。

「好吧！我想辦法，讓你喝吧！」做種種考慮後又說。

於是他就將一支空針筒接在橡皮軟管上，且幫我準備一杯冰水。

「請喝吧！」

我猛力地吸飲一口，而在喝的同時，主治醫師很快地用針筒抽出，結果感受到有液體經過和水的甘美的，其實只有口和喉嚨附近而已！當時所飲用的水，應稱為「甘露」吧！就在這親身體驗水的甘美時的一剎那才真正感受到：

「啊！這就是活著的喜悅呀！」

這種情況隨著時間的經過，逐漸一步一步地拔去橡皮軟管，也拆除縫合的線，並開始做一點點運動幫助康復，終於漸漸恢復了體力，也總算順利地康復，在八月十九日出院。

事後我才知道，我有許多大學時代同學也在同家醫院一起共事，認識我的人也不少，而且同事們對伊神的預測，情況好的話頂多三年；惡劣的話只有一年。換言之，剩下的生命也許只有三年甚至一年的謠言滿天飛，這些都是事隔很久才知道的，當時都被矇在鼓裡，之所以會有這種謠傳，因為我罹患的是「轉移性癌」。胃癌依病變的發展方式，簡單的說分為「早期性癌」和「轉移性癌」兩種。「早期性癌」是癌細胞只長在胃的粘膜很淺的範圍，若在初期狀態就被發現且接受手術治療，治癒率極高；而「轉移性癌」是癌細胞已擴展到很深的地方，並且多半已形成腫瘤，正因如此，隨著癌細胞逐漸地轉移到其它器官，這時候即使動過手術也會再復發的，危險性還是很高。

就我的情形來說，利用動手術把胃的原病灶切除的同時，也順便幫我把長在胃和肝臟之間，數量高達三十多個淋巴節拿掉。癌症通常在手術後，都會做有關原病灶和淋巴節的病理組織檢查。根據病理組織檢查結果據說在原病灶裡有癌細胞的腫瘤，並且在腫瘤的範圍有掌管免疫的淋巴球，層層地將它包圍住。這種特徵在一般的轉移性癌是無法看到的，淋巴球的保護層就像是幫我們防止早期性癌細胞的轉移，他們甚至連三十幾個淋巴節也同樣詳細地幫我檢驗，完全沒有發現轉移的現象。癌症防治中心根據這些檢查結果認為我的胃癌手術後也許比最初預想的還來得好。

經過一段相當的時間之後，我才從主治醫師口中得知這些細節，我非常了解他們外科醫師的性格，對普通癌症患者而言，正如大家所知，醫師總認為十分只告訴病人一、二分就可以了，為的是避免病人產生無謂的煩惱。因此聽了主治醫師的詳細說明，我當然要百分之百的相信。

下面可能有點偏離話題了，後來過了二、三年後，逐漸可以和研究室的同事去做兩天一夜的旅行。研究室的同事不但健談且很直爽，一方面可能是醫師也很想聽醫師生病的經驗，雖然也有不少醫師罹患過癌症，但彼此並不熟悉，不便直截了當問對方。至於對方的病人，更因為醫師彼此也有點保護自己情報的心理，更是忌諱直接去向對方的病人打聽。因此對於我這個本身是一位醫師，又有罹患胃癌的經驗，自己對病情的一切又是那麼的瞭解，當然這些同事們逮到機會就問東問西。晚飯後閒談時，其中有一位同事問道：

「病理組織的情形是怎樣呢？」

就像剛才所說，一五一十全說給他聽，聽完後同事問：

「這是主治醫師說明的嗎？」

「是的，不錯。」我回答道。

「醫師對醫師，難道會講真話嗎？」

我記得他當時確實是這麼說的，聽到這句話，儘管只是醫師同事的聊天，但內心卻有點火大，何以那位同事卻仍若無其事地談論著。事後我也反覆的檢討自己，或許過去對他人也有無心之過的言論，讓別人精神上遭受打擊，所以醫師必須講話慎重，這足以做為自己本身的教訓之一。

身體狀況慢慢地恢復了，自五十二年十月十七日再度回到自己的工作崗位，開始擔任門診。但是精神上卻非常痛苦，自己罹患這種病，假如再恢復門診的話，當然必須和病人接觸。在病人之中也有罹患癌症者，所以我自己必須直接擔任這種病人的主治醫師。此時，我假如被病人看出好像有猶豫不決的態度，病人就會信心動搖。所以既然當醫生，儘管自己有過親身體驗，絕對不能讓患者看到猶豫不決和恐懼不安。假如這樣做的話，我就會喪失做專業醫師的資格，以這點來說，在內心裡非常地努力著。

其次，我自己本身是臨床醫師，當然知道在手術之後的第幾年容易再復發，也了解只要度過多少年的危險期，就稍稍能安心的幾個關鍵時限，其實這只不過是習慣上的說法，大概剛開始是三年，有許多人在三年之間會再復發，一旦超過三年的話，就可能活到五年。凡是活到五年，以統計的算法可以算是臨床上已治癒。換言之，即使第六年復發導致死亡，但整整活滿五年的患者，在統計資料上都被當成手術成功的案例來計算。因此感到整整三年真是如履薄冰，每天每天像這樣刻骨銘心地活著。

思考生和死

開始時，自己忍受精神上的痛苦，每天盡最大的努力活著。經過了一年、二年，不論是誰一旦罹患重病，或是遭遇到重大不幸的時候，既然生為人都自然會開始思考生死大事。我也不例外，雖然我對宗教認識不深，且也沒有特定的宗教信仰。不管怎樣的想法，一切都以科學邏輯為依歸。例如以死這個問題為例，我們人死了，到底是怎麼回事呢?是指那個人的身體死亡了，假如人的身體死的話，產生我們精神作用的小腦、大腦也都死了，心也消失了，於是所謂自己的世界就幻滅了。這麼一來，對我而言，這種說法雖然比較牽強，這個地球、世界全部消滅了，豈不面對什麼都沒有的世界?剛開始我頗受這種思惟方式所困擾，但還是始終抱持人死的話一切都沒有的想法。

但是隨著漸漸地接近死亡，或所謂的鬼魂、靈魂，也當然會出現在想法中，果真人有靈魂嗎？有鬼魂嗎？肉體死後，鬼魂去那裡呢？有死了再生的另一個世界嗎？鬼魂的存在，自己既不能確認，也不能否認；不能說有，也不能說沒有；結果這對我來說，是一件自己無法決定的事。過去認為人死了的話，一切歸於幻滅，畢竟隨著年歲增長，光靠這些是無法滿足的，自己本身是不可能想通這個問題，漸漸產生這種心境。可是左思右想正如我現在所說，跟生相對的死亡世界，客觀上還是無法理解的。

有一天，忽然開始想，畢竟我在這個世界上活了五十二年，且在無意中罹患胃癌而動手術。因動手術的關係，請醫師做病灶的病理組織學上的檢查，發現免疫反應非常強，轉移的可能性也很少。根據這種情形來思考的話，雖然表面上我們各有其一生的命運，但世界上不可能有人一出生，就已決定好期待如何規劃度過這一生，一切都照自己所願來進行。就像後來發現，我的身體正巧對癌症具有免疫力，這完全不是我所能控制的，只能說我的運氣好，正好生在具有這種能力的身體，至於為什麼會這樣呢？沒有人知道，不是人所能理解的範圍。但是此刻的我還活在這裡，雖然生病，但承蒙同事醫生的救援而活下來，思考目前的這個「存在」遠比去想死後的世界，對我來說更是重要。

接著，談到我為什麼會活在此時此地？也許這個問題稍微偏離主題，而牽涉到自然科學的話題，實在很抱歉。根據科學性、假設性的說法，我是由雙親所生，進而雙親是由我的內外祖父、母的關係而出生。像這樣一直往上推衍每個人出生的來處，我們的祖先人數將隨著年代的久遠，呈現疊羅漢式的幾何級數，無限地擴大。大致上人類就是如此，綿綿無盡地因男女關係而出生，或許有人會問，人類的孩子為什麼生下來還是人的形態呢？

北原白秋的歌說：「玫瑰樹上開玫瑰花，何怪之有？」

這表示：在玫瑰樹上開玫瑰花，有什麼值得大驚小怪？其實他的本意應該是：

「難道你不覺得奇怪嗎？為什麼玫瑰樹上不開蒲公英呢？」

這是詩人將他的直覺寄託於詩歌的一種表現，這類問題就我們的專業知識而言，歸根究底還是遺傳問題。正如剛才所說，我的存在從雙親、祖父、曾祖父……一直推衍上去，雖因時代久遠，資訊的流失，超過三代就很模糊了，但既然我是日本人，自然推到最後就變成日本的歷史了。回憶戰爭前，當我在中學時代曾經學過的「日本古代」，這是指在《古事記》和《日本書紀》裡記載的神話世界，更古代就沒有文字記載了。

另一方面，戰後考古學突飛猛進，使得日本的古代史大幅度改寫，正如大家所知，紀元前後六百年左右是彌生時代；再推衍到更古的時代，從紀元前四世紀到一萬年前之間，甚至更往前稱做繩文時代；進而再往前追溯叫做石器時代。自己的存在就像年代一樣，一點一滴的往前追溯的話，光靠日本的歷史，還是不能滿足，必須牽涉到人類的問題，自然就會提出人類何時開始出現在地球上呢？為什麼會出現呢？經過種種的研究，大致以人類的形貌在這世界上出現，距今大約三百萬年左右。記不得誰曾說過，人類是從猿猴演變而來，假如真的這樣，人類豈不是從猿猴出生的。可是談到猿猴，類人猿和人類在進化的過程中，從相同的祖先分支下來，這個分歧點在多久以前呢？大概在五百萬年前吧！分歧的一支就像現在的類人猿——大猩猩、猩猩、黑猩猩的族群；另一支則進化為現在的人類。

可是比這更早之前的是什麼呢？可能就要談到哺乳類的歷史，哺乳類出現相當早，繁衍特多。誠如大家所知道的恐龍，在某個時代突然全部滅絕，這大約在六千五百萬年前吧！因此在浩劫之後，就像現在的老鼠那麼小的哺乳類動物，鑽入洞穴中生活而留存下來。傳說恐龍的滅絕，大概是隕石的撞擊，而恐龍的時代繁榮了一億幾千萬年，連這麼聲勢浩大的恐龍族群也一下子突然消失殆盡，我想對地球而言是猛烈的打擊。據說能夠苟延殘喘的是像老鼠那麼小而鑽進洞穴生活的哺乳類動物。反過來說，這種哺乳類繼續進化，繁衍成今天的人類。

恐龍之前又是怎樣的世界呢？據說恐龍是爬蟲類進化的，不過很難說得清楚，其實這樣的話題應該追溯到英國達爾文的進化論，因需嘮叨個沒完沒了，就此省略了。

稍微有點離題了，至於說地球上生命的萌芽，最初有類似生命的東西出現，是海中靠近陸地土質的黏土居多的岸邊，時代距今大約三十六億年前。順便一提，這個地球的誕生很可能在四十六億年前，那時地球是以原始混沌狀態存在著，但其後的十億年之間，化學性質的進化在海中默默地進行著。因此也就等於在距今三十六億年前左右，才開始有相當於我們生物的最早始祖在地球上出現。換言之，人類的始祖很可能是接近單細胞生物，這實在是件非常奧妙的事情。為什麼這種生物會在地球上出現呢？我想恐怕今後科學再進步，也無法解開這神祕的面紗。

雖然我們不太清楚，最早期的生命體以什麼樣的化學物質所構成，但我們可以想像，與生命的本質有密切關連的這些微妙構造和機能，是經過漫長的化學進化過程才逐漸完善，並愈形複雜，於是多細胞生物出現了。而類似目前地球上各式各樣生物品種的基本形態其種類分化也快速進行著。生命誕生以來，過去一直在海中進行的生物，開始於距今約四億年前，率先以植物的形態進入陸地，接著動物也登陸了。

把地球年代當做四十六億年的話，相較之下，生物的登陸時間，可以說宛如昨天一般，不過在那個時候，人類還沒有在地球上出現，世界上一個人也沒有。從自然的運作中，只能這麼說：值得誕生而誕生，值得進化而進化。其後，在陸上和海中不斷地進化，經過三億九千七百萬年，終於人類誕生了。這是隱藏在我們每一個人的身體中的生命歷史。

對了，不論我們也罷！植物也罷！形成我們身體的構成材料，若簡言之，最重要的是蛋白質和核酸。這和動、植物的構成要素完全相同。所謂蛋白質，大約有二十種的氨基酸組合而成。氨基酸的種類，不論動物或植物在組合上多少有些不同，可是基本的氨基酸完全是相同的。因此生物雖然為了維持自己的個體經常在新陳代謝，身體內部的每一個細小部分不斷地變化，但從外觀全體看來還是維持一個形體而繼續生存著。內部變化一刻也不停止，若停止那就完了。也就是說有所謂的自己維持生命的能力。

剛才所說：「玫瑰樹上開玫瑰花，有什麼值得大驚小怪！」不過掌管遺傳的本體是核酸，也許大家不太熟悉，最近這類用語在一般的書報雜誌中經常出現。由於這個核酸，而人生人，玫瑰樹開玫瑰花，小青蛙長得像大青蛙的樣子。掌管遺傳的物質叫做ＤＮＡ。過於複雜一般人難以理解，總之，維持生物的品種和個體的特性能夠繼續繁衍下去最重要的因素，就是這個核酸——ＤＮＡ。

因此在ＤＮＡ中，雖然像密碼式地隱藏所有足以形成生物品種的特性和個體的一切情報，而這個核酸的構成要素，不論對動物或植物，對狗、人或蚯蚓而言，都是相同的。

這種蛋白質——核酸是為了生命生存下去絕對不可缺少的基本物質，在一切生物的細胞

（不論動物也好，植物也罷！）必定存在。靠著它們才能構成生物。所謂蛋白質是構成一個生命的個體，因此假如這個個體死亡的話，蛋白質就分解而腐敗了，且還原成元素和分子。靠著所謂ＤＮＡ的遺傳物質，單細胞生物進行細胞分裂，一個細胞一下子分裂成二個，於是數量增多了。此時，遺傳物質也同樣被二個細胞繼承了。某些高等生物，不論動物或植物，被分成雄和雌，而我們得自父親或母親各一半的遺傳因子，也就是以一個細胞的結合而受精。受精卵發育而長成人的樣子。藉著這樣的事情反覆進行，我們的始祖，距今三百萬年前的人類，不！正確來說，從三十六億年前生物的誕生一直延續到今天，透過我們而永不改變地在這世上存續著的只是這個ＤＮＡ，我從雙親得ＤＮＡ，然後又傳給孩子。

「生命」的大河滄海一粟

大部分的我們都難免過度重視個人的生命，總覺得自己一個人活著，這個命是屬於我的，是我的命，因此不想失去生命，死亡是很悲傷的，這是做為一個人的自然心理。不過如果我們能稍微理解遺傳或自我維持能力，以及保存種族的原理構造等這些生命的基本性質的話，生命不僅是一個個的個體問題，真正的生命其實是在這地球上很不可思議而自然發生的，在三十六億年前就已經萌芽了。就算現在生物的種類據說已達數千百萬種，就像一個細菌、大腸菌那樣也好、櫻花也罷，豬、狗、獨腳仙等皆無一例外。總之有很多、數量很龐大的生物品種，正如前述，父母生子女，代代相傳，以DNA為中心，形成巨大的洪流像滾滾大河那樣地延續下來。

自古以來人們就喜歡把人生或人類的生命比喻為河川，而我的比喻稍微有點不同，所謂生命現象就整體來看，這是三十六億年來一直相繼不絕而延續下來的。我們每一個在這生命的大河中，有如曇花一現，像泡沫、似閃電，出現一下就消失了。我想我們每個人都是如此，因此若我們只一味想到自己的生命，自然一切的思考和感情就會以自我中心為出發點，可是在我們自己身體這個個體中，只是乘載了生命洪流中的極小瞬間，個體一旦消失了，當然是又進入生命的洪流之中。如果採取這種理解方式，心情就稍為好轉了。

剛才所說，死亡並不代表一切歸於無，還是希望有個歸宿。抱著這樣子的想法，一直遙遠地追溯自己的存在，自然就推論到地球四十六億年的自然史，那麼一般所謂大地之母的地球，到底是怎麼誕生的呢？

地球是太陽系中的一顆行星，太陽是恆星，而且還有九個行星，以一定的軌道繞著太陽運轉。一般認為太陽系的形成和地球的誕生，大致是相同的時期，太陽系是匯集多達二千億個星球的銀河系中的一個星球，在這宇宙之中，像這樣的銀河有數千億個，真是浩瀚無邊、廣大無際啊！

而這個宇宙，根據目前科學的知識，據說是距今一百六十億年前的大爆炸才開始的。這些事情對我而言，宛如科學的神話一般。如果我們能隱隱約約地知道，在我們每一個人的背後有這麼偉大的一齣戲存在的話，想必對人生的看法就會更深更遠了。

照這樣來思考，世界上各種不同宗教的說法或許不同，這裡以淨土真宗大學為例，所謂的淨土或涅槃，或是基督教所謂的天國，就我個人的立場來說，總覺得只不過是將宇宙本身採用非常象徵化的表現方式。想想自己活在此時此刻，只不過是宇宙自然運作的結果，因為還有一個悠久長遠的時間系列存在著，所以若自己的生存時期結束的話，我想是回歸到誕生自己那遙遠的宇宙之中，這樣地不斷提醒自己，就會比較安心了。

正好時間也到了，從自己罹患癌症的體驗開始打開話題，一直談到宇宙的奧祕。我想大家被搞得迷迷糊糊吧！這也許是我自己武斷式的主張，不過這是我這十二年來所思考的大要，非常感謝大家。

2 活過生死

——罹患癌症後的人生觀

今川 透

癌症的告知

我是今川。去年在石川縣的小松市，想要學習「臨終關懷」，而正好有個機會向田代俊孝先生請教。當時就對他談起我個人粗淺的體驗，便促成今天這個機會，在這裡想佔用大家一點時間，向大家提出報告。

我就是如同前面所介紹的，直到昭和六十年為止一直擔任高中老師，不過在莫名其妙的情況下，兼任了寺廟住持與教師兩個職務而腳踏兩條船。也因此漸漸地感到不堪負荷，所以想辭去教師一職。可是日子就這樣一天天地拖延下來，有一天，才猛然發現自己只剩下一年就將服務屆滿，到時不想退休也不行了，所以我想在學校保險的有效期間，去做一次健康檢查，於是就到健康檢驗中心去了。

記得當時正好是一月底，因在過年期間，喝了很多酒，有點不舒服，我想應該是胃潰瘍之類的小毛病吧，所以就抱著輕鬆的心情到了檢驗中心。一切都進行的很順利。而在最後一天，被告知在第一天的糞便中有出血現象。醫生說：「需要進一步作內視鏡檢查」，於是我就接受大腸的內視鏡檢查。

醫生一面用內視鏡探視我的大腸，一面說：

「有瘜肉喔！還很小，現在馬上拿掉好嗎？」

「會不會痛呢？」

「不，一點也不痛。」

「既然如此，那就拿掉吧！」

就在這種輕鬆的心情下，醫生幫我取出四塊瘜肉，還拿給我看。就像小木耳那樣，大的有小指頭一般大，小的像豆子那麼小。因此，醫生馬上說：「你可以回家了！」我就高高興興地回去了。

後來，大約隔了兩週，醫院打電話來說：想要看看上次切除瘜肉的痕跡，希望我再到醫院一趟（那時我突然有股不好的預感），於是我就再度前往那家醫院。醫生用內視鏡檢查後說：

「情況大致還好！」

「那麼，我可以回家了嗎？」

「不！稍等一下！」

「事情是這樣子的：前幾天我們把拿掉的瘜肉，送到癌症研究中心檢查，發現有惡性的癌細胞，是最初期可以不必擔心。不過既然發現癌細胞，就醫學常識來說，最好馬上切除！」

「切除？怎麼切除？是切掉大腸嗎？」

「是的！」醫生直截了當地回答。

「你說馬上，可是現在是學校最忙的時候，有期末考試、入學考試、大學入學測驗及畢業典禮，且我女兒預定在四月舉行結婚典禮，能不能等這些事情辦完之後再動手術呢？」

「不行！這種手術最好馬上進行。」

「既然還只是初期，延到四月又有什麼關係？」

「不！我想還是立刻切除比較好。」

「既然如此，那就切除吧！」

雖然那樣，我卻好像一點都不在乎，就這麼輕易地接受了切除癌症的通告。而且像平常一樣若無其事地回到家裡，現在想想真是反應遲鈍啊！

這件事要不要告訴內人及孩子們呢？醫生說要立刻動手術，意味著什麼呢？事實上，大約在四年前，我的母親也在類似的部位，動了大腸癌的手術（發現的時候，已經遲了）。三個月後，又再度復發，經過非常痛苦的治療後才過世。我當時照料母親直到最後的那一刻。而今醫生說要立刻切除，是不是正意味著我也會像母親那樣嗎？

首先，我和內人商量，內人嚇了一跳。說：

「既然醫生那麼說，我看最好還是立刻切除吧！」

「那麼女兒的婚禮怎麼辦？學校的考試怎麼辦？」

「現在那管得了這些瑣事呢？」

話雖如此，我還是想設法把手術延後一些，於是我就打電話給在大阪大學醫院擔任外科醫生的堂弟，跟他敘述事情的來龍去脈。堂弟就立刻打電話與健診中心的醫生商量，然後再打給我，勸我：「還是立刻切除比較好。」

我和孩子們討論後，決定並前往在大阪堂弟所介紹的大學醫院動手術，這裡的醫生也同樣認為最好趕快切除。

「大約多久才能出院?因為四月我女兒要結婚。」

「現在立刻切除的話，應該趕得上參加婚禮吧!」

「真的嗎?」

「我們會儘量讓你如願的。那就請今天趕快辦住院吧!」

「就算說今天馬上，但……」

「是這樣子的，今天正好有一床位空出來，如果今天住院的話，可以早一點動手術。若放棄了，那不知要等多久喔!」

因此，我就馬上辦理住院手續。然後請假外出。回到家中，又向學校提出申請函，準備妥當，才正式住院。現在回想起來，實在對學校造成很大的困擾，內心充滿歉意。

我的情況就像這樣，非常漫不經心的接受了癌症的通告。過了一段時間後，才逐漸意識到問題的嚴重性。

癌症病房之夜

最嚴重的打擊是從住院開始，最初我住在八人病房，幾乎都是癌症患者。有動過手術的、有準備動手術的、或進行檢查的各式各樣患者。

我呢？絲毫沒有感覺到病情且精力充沛，反正已經知道了病因，剩下的只是平靜的等著動手術。然而，從這晚開始，我猜想那些醫生和護士一定不知道病房到了半夜是多麼可怕。除了我一人清楚自己是癌症之外，包括那動完手術的患者，幾乎全部都在猜疑自己是否得到癌症？因此，一到夜晚就紛紛把身旁的看護叫醒，開始談論起來。醫院八點就熄燈，所以夜晚很長。

每當護士的腳步聲一走遠：「今天護士跟你說什麼？是不是說我得了癌症？……」等類似內容，此起彼落，嘰嘰咕咕地持續了一個晚上。擔憂自己的身體、事業、家庭……，一直抱怨、發牢騷，直到黎明聽到遠方護士的腳步聲時，大家才假裝睡著。護士看了一眼，就說：「一切正常！」（笑）。這種情形要持續到我動手術為止，足足二個星期，實在令人受不了。現在想想，院方若能多關懷病人內心的困擾，給予關愛處理的話，不知該有多好呢？總之，為什麼大家一聽到護士的腳步聲就假裝睡覺，這種現象我百思不解，但事情就是這樣。連原本以不在乎心情住院的我，現在也逐漸感到事態的嚴重了。有時候，誠如前述在大阪醫學部服務的堂弟來訪，送來漂亮的洋蘭花籃，令整個病房突然顯得明亮起來。我除了感到愉悅之外，也感到事情的嚴重性。而且當一些久未通訊的親友來訪時，以及從他們的言談舉止之間，常感到一股奇妙的氣息。

因為是大學醫院，所以常有大牌醫生帶著學生來巡診。我們一邊接受診察，一邊仔細聆聽他們的對話，看能不能從他們的對話中聽出一些端倪。然而他們卻像面臨大敵一般，令人一句也聽不懂，因此更令病人想知道自己的病情而變得疑神疑鬼起來，認為家人隱瞞了自己病情。自己的太太、子女、姐妹，他們都知道事情的真相，而只有自己自艾自憐什麼都不知道。就這樣的前後左右大家互相影響感染著。

我過去一向是以真宗僧侶的身分佈教，舉辦法會、葬儀。可是對於救度自己，卻一點功效都發揮不出來。過去我到底在做什麼？我整個人陷入這種心情。深切地反省過去生活態度的沒有明確目標，率性、隨便……，外表卻又擺出宗教師的樣子，現在感到很慚愧。過去以為這就是信心，這就是濟度眾生，但現在才愕然發現竟然連我自己的問題都無法解決。

總之，丹麥哲學家Kierkegard曾經說：「我想要追求的是『生於斯、死於斯的真理』（不是客觀的真理，而是主體的真理）」——也就是說我所要做的事情、我所要掌握的東西，都可以讓我成為一個即使依此而生，依此而死，也不會後悔的人。我的人生觀、生活態度，就此被根本地推翻，簡直就像被吸入地獄一樣的震撼著我。就在這樣的心情下，接受了手術。

粗率醫生的話

手術雖然很成功。但不久，第二次的打擊又接踵而來。

彷彿從遙遠的地方傳來：「今川先生、今川先生」的聲音。我漸漸從麻醉中醒來，發現自己躺在未曾見過的房間內。我想這不是集中治療室，因為裡面有很多可怕的機械。從鼻子上吹來氧氣，我逐漸恢復知覺。看到周圍有醫生、太太，雖然聽到他們說：「進行的很順利」，但因為我的鼻孔、嘴裡都插著管子，手腕又打著點滴，所以無法回答。總覺得全身上下、腹部兩邊、下方也都插著管子，而且管子接到床兩邊的塑膠袋內。聽到有人問：「這是什麼？」醫生就仔細地說明，但最後卻冒出一句：「我們把他們叫作橡皮管人」，醫生經常做這種開玩笑式的回答，聽了心裡真不是滋味！

我的情況漸漸穩定下來，每天都有醫生過來說：「今天拿掉這個管子」「明天拿掉那個管子」，實在感到輕鬆愉快。但相反地也有人管子愈插愈多，最後被送到集中治療室，謝絕會客。在那裡，不能見想見的人，不能說想說的話，不能聽想聽的話，親人們全被隔離，一步一步地自己獨自走上死亡之路。

想到這種結局，我希望以後再也不要承受這種苦了，若是不幸遇上了，那至少能避免成為這種橡皮管人。等我逐漸恢復後，經過集中治療室時，看到這裡的患者，很悲慘地在迎接死亡，實在令人憐憫。

出院後，我對太太說：「有件事情想拜託妳，若真的有一天我的病情嚴重起來，那麼請妳不要幫我做延長壽命的治療。因為在我死之前，無論如何讓我能確認自己的理解是否正確無誤，然後才願意死，請妳讓我死在榻榻米上吧！」太太說：「誰先死還不知道，或許我先死呢！」於是和她鄭重地約定「屆時我們要尊重對方的意願」（笑），只是不知道是否能實踐？

身體逐漸康復後，我向醫生請問自己的手術狀況，醫生說：「今川先生，你的手術實在是一件艱難的大工程。」這時，我的頭「暈」了起來。「艱難」是指：大腸被切除三個地方（共六十五公分），因為其他的部分糾結在一起（就像下水道的工事一樣），或許從外科醫生的立場來看，這的確是大工程，但把神聖的治療救命工作形容為「艱難的工程」，實在令人感到驚訝！

醫生，特別是外科醫生對患者的心情，似乎一點都不體貼，而患者的心情又特別敏銳，每一句話都像針刺一樣令人難受。

好不容易可以獨自去浴廁時（因為大腸切除三分之二，手術後一直下痢。我想可能下痢好時，也該出院了），已是住院的第二十六天左右，主治醫生精神飽滿的一邊叫著「今川先生」，一邊走進來說：「你馬上可以辦出院了。」我吃了一驚地問：「真的嗎？」出院是一件很高興的事，但因為好不容易剛剛才能獨自走路，所以還有一點擔心。這時，醫生說：「以外科的治療來說，已經全部都結束了！」手術的傷痕癒合得很好，而且排泄也很正常，以後的康復就靠自己了。這些叫病人出院的理由雖然都很適當，不過人有時也很奇怪，老是喜歡把事情往壞處想。「這家醫院一定是為了提高患者的流動率，想要多賺錢。」想到這兒，心裡就有一點生氣，因此，就對太太說：「既然如此，那我們回去好了。」太太說：「至少再住一個星期吧！」但我堅決的說：「不要了！我要回家！」所以，當天就辦理出院了。

我並不是對醫生有什麼怨言，畢竟我的情況良好，逐漸在康復中，比較無所謂，但對其他那些在這裡等待死亡的人呢？他們身上插的管子逐漸增多，而最後只有被推到加護病房等死，如果醫生還是說話那麼粗魯，我想任何人都會受不了。我由衷地希望醫生們能為患者設身處地的想一想。

這一點，我覺得護士們做得比較好（即使她們不知道夜晚所發生的事情），但至少他們能設身處地為患者著想，而且，從他們的舉止中，也看得出曾受過嚴格的訓練。

護士的親切與醫生的粗魯，功過二者互相抵銷，這是我對這家醫院的評價。

「兟」

雖說手術成功，但至今我仍有不安的感覺。因為想起舊疾復發而過世的母親。在出院數日前的一個早上，還在朦朧的意識中，我努力地思考著生與死的問題。

依漢字的筆劃，「生」的最後一劃是「一」，而「死」的第一劃也是「一」。這時，突然想到若把「生」「死」二字所通用的「一」合併起來，「兟」一字即浮現在腦海中。因此，立刻試著把它寫在枕邊的日記本上。這個字看起來這麼順眼，世間若真的有這個字也應該不會奇怪吧！又依聖教來說，「生」與「死」不都是合起來一起用，而幾乎不曾單獨分開使用嗎？例如《正信偈》中也是如此。在此忽然想到，「生死」曾出現在三個地方。釋迦佛、善導大師、法然上人、親鸞聖人們，全都依「生死」而得見生命的本質。然而，身為現代的我們是怎樣呢？我們把它完全分開來，光看到「生」；而對「死」抱著忌諱、恐懼之心，把它覆蓋起來。一談到死，就說：「不吉之兆」，連想都不要想它，甚至在意識中也不想令它浮現，於是每天只想「生」，這難道不是一種錯誤的觀念嗎？

至於為什麼會有死呢？當然是有生就有死。這或因癌症而死、或因車禍而死，但這些都不是原因，佛法將它皆稱為「緣」。通常一般人所說的原因，在佛法看來，其實皆是「緣」，而佛教說的根本原因則是追溯到「出生」。而人們卻把它忘得一乾二淨。我想因為這場大病，所以才喚醒我對生死的體悟吧！於是就把這個字寫得大大的，裝飾在枕頭上，愈看愈覺得順眼，我想或許這個字以前早就存在了？因此出院後，馬上翻諸橋編的《大漢和辭典》等，或許有人早在我之前就發現它了？或許是我曾經在閱讀某本書中看到有人用過，所以才一下子就浮現在腦海中？但不管我如何努力查閱，始終都沒找到它的蹤影，我想它真的就是我所創造的字吧！

如今想想，這實在是不可思議的體驗，在反問自己的生死當中，原本想不透自己的生死，正當鑽牛角尖之際，卻發現了值得我終生探討的問題。

然而，我要如何詮釋它？如何讀它才好呢？我知道有「生死一如」和「生死即涅槃」的成語。大部分的人會馬上以成語來讀它！但我難道找不出一個更適當的讀音嗎？從那時起，每天在筆記本上寫這個字，凝視著它；也用毛筆寫在紙上，貼在書桌前；又把它寫在寺院住持起居室前四尺大小的屏風上，設法讓生活的每一片刻都不會忘記它。

來到我家的人，看到這個字，也表現出各種不同的反應。有一年輕的婦人說：「看到那個字，就嚇一跳。」也有人問：「連在一起怎麼讀？」更有人說：「請你幫我寫一張。」

雖然自己一個人左思右想，然而對於過去一向不用功、散漫、馬虎、虛度一生的我而言，怎麼努力都無法想出一個感動內心的讀法，因此想請教前輩們的看法。雖然很冒昧，但還是將信寄了出去。

拜啟　託您的福，病後一切康復都很順利，也開始懂得珍惜每一刻的生命。並且學習如何與癌症這種病和睦相處之道，過去不曾察覺到的自然之美，突然覺得如此難能可貴，令人覺得生命的神奇，不應虛度此生。在我這段生病期間，想了很多問題，也創造了一個新字，但接下來面臨的問題是如何讀它？雖然我曾把它讀成「一如」或「涅槃」，不過現在感到都不適合。因此不顧失禮，冒昧地試著向我平日敬仰的前輩請示讀音。雖然知道您一定會笑它是件愚蠢的事，但希望您能了解我這種迫切的心情。無論如何請您應允我的請求。

於是，得到了回音，就是各位手邊的講義。大家一起來讀吧！首先是今年二月往生的出雲路暢良師的回信。出雲路師是我內人的兄長，金澤大學的教授，也是真宗宗門的繼承人，他的往生實在令人非常遺憾。

拜復　對您信中的字，很有興趣的拜讀了。

在讀文章之前，首先浮現在腦海中的是

生死一如

而且關於此，令人想起刻在明達寺梵鐘上的——曉烏先生的歌

生死的波濤起伏不止；
生命的水流涓涓不息。

讀了這篇文章，我的腦海中即浮現出「現生正定聚」，若把它翻譯為現代語的話，即是「絕對的現實」。對這「所賜與的生命，我們充分發揮運用吧！」這是我所體會的。

雖然我努力思索，但腦海裡所浮現的盡是一些既有的成語，實在是辭窮了。

呵呵

出雲路暢良

其次是松扉哲雄先生，我常常去拜訪他，而且他也常來參加我們的法會，是我相當尊敬的一位前輩。他說：

收到您提出的這個字，託您的福，昨夜靈思泉湧，令我受益良多。現在把它敘述出來。首先，我把它讀為「迷惑」（まよい）。

其次是「活到底」（生きぬく）→「死亡」（死にきる）等，一個接一個。也曾想把它讀為「悟」（さとる），託您的啟發，促使我對人生做了很多深入的思考，實在很感謝您。但在我臨終時，我會把它讀為「憑」（たのむ），您覺得呢？當然，這是依附彌陀的「憑」，也即表示完全依附的意思。把我自己的一生及所有的一切，全都託附給他，所以我才把它讀為「憑」。

您覺得哪一個比較適當呢？我期待著您的回音。希望您多保重。

松扉哲雄

如此一來，我反而被松扉先生所反問，哪一個較恰當呢？（笑）

其次，是米澤英雄先生。

拜復　這個字在漢和辭典中找不到。應該是佛教徒所創的吧！其義深長。

於是，我想把它讀為「生死一如」，或說「生死若比鄰」。我們雖然坦然地活著，然而生死若比鄰，不知道死亡何時會來造訪。蓮如上人說：「死，就是臨終逼近。」道元禪師說：「斷生死念，是佛家最重要的大事。」生死一如是覺悟者的境界吧！在竹部勝之進氏的詩中寫著：

生也好，死也好

就是這樣吧！絲毫不執著。既不執著生，也不畏懼死。一切宗教都是因為人類執著生且畏懼死而創立的。不過其中，能超脫生死的唯有佛教吧！以上是我的答覆，非常感謝。

米澤英雄

其次，是西元宗助先生。宗助先生是京都府立大學的名譽教授，是一位鑽研真宗很深入的學者。他來信說：

您的來信，我反覆拜讀了，不勝感謝。至於您所囑咐的這稀有文字，想來想去，我還是覺得讀成「南無阿彌陀佛」最適當。您覺得呢？請多保重。

西元宗助

高史明先生，則寄來了如下的明信片：

感謝您的來信，承蒙您的抬愛，肯將此字與我分享，點燃我生命之光，實在感激不盡。

「⿱生死」一字，既不是生，又不是死，不是覺，也不是悟，實在令人愈想愈困惑。

南無阿彌陀佛。

由衷地感謝您提出這種循環的遊戲，有如一道劃破黑暗的光明。請您多保重。

高史明

其次，是詩人榎本榮一先生。寄信時，心裡還在懷疑能得到他的回音嗎？結果卻是最早收到他的明信片。寫著：

您說患了癌症，而現在已逐漸康復。如今以悠然自得的心境面對人生，在此對您致上敬佩之意。希望您多保重。人老了，腦筋愈來愈差，您寫的那個字我不會讀，很抱歉。

榎本榮一

然而，我直覺地感到在這書信中似乎隱藏著某些深義。所以，我試著從榎本先生的詩集中去尋求，我想應該會發現什麼吧！

「開闢天地」
偶然誕生人間
從久遠劫的生死海中
阿彌陀佛的眼睛張開著

在這「生死海」旁，標著「かなしみ」的平假名讀音。因此，我立刻將它寫在信上，與這影印資料一起寄給他。於是，榎本先生就有了精彩的回音。寫著（信中的字體很小）：

偶爾仰望著滿天的星光（這些字小到用放大鏡也看不清），我的心自然而然地被那微弱的星光所引導著。

這一張明信片，言外之意實在很深。

「滿天的星光」這種用放大鏡也看不清的小字，榎本先生到底是以怎樣的態度來體會的呢？

記得當時我把它體會為「一邊仰望著滿天的星光，一邊使自己內心深處的那盞微弱的生命之光，自然得到引導」。

之後，我曾經在寺院的法會上提到這段話。而且把它寫在黑板上，請與會者提出寶貴的意見，惠予指教。翌晨，有位壬生丸先生來到我家裡，拿出一張他太太寫在廣告紙背面的字條，上面寫著：

昨夜回到家裡，想到這個字應讀為「真」。

「真」是真實不虛，佛凡一體；

極重惡之人亦可成佛。

非常感謝您的教誨。

壬生老夫人

我不由得向這位老夫人合掌禮拜。這位老夫人平時都會來參拜，又喜歡聞法，也是街坊鄰居心目中的好人。

接著收到東井義雄先生寄來長長的一封信。

修完兵庫教育大學研究所的密集課程後回家，拜讀來函，得知您患了癌症，令我大吃一驚。今年過年，我打算以下面的這首詩來勉勵自己，開始這新的一年。

啊！牛如來的說法

忘了吧！ 忘了吧！

努力的活著

忙忙碌碌地生活著

像牛一樣

無論快樂與悲傷

深信那偉大的誓言、細心體會它
一步一履　一事一物　一時一刻
若不踏穩步伐，善加珍惜利用，
就會虛度一生
一切都忘了吧！

忘了吧！　忘了吧！
努力的聽著
如飢似渴地讀書、聞法
像牛一樣
一點一滴　一遍又一遍
細細的咀嚼、體會
若非完全消化成血、成肉、成力量
就會虛度一生
一切都忘了吧！

忘了吧！　忘了吧！
像牛一樣
若非以平靜、澄澈、明亮的眼神來觀察事物的話，
一切真相都看不見
若以貪婪、不安、焦躁的眼神來觀察的話，
縱使在幸福中也看不到、摸不著
就會虛度一生
一切都忘了吧！

啊！　牛如來的說法

我每天把這首詩唸給自己聽。有一天，突然發現今年已過了一半，而我本性似乎還是難改。

於是，與妻子商量後，到燒窯的工廠，訂製了一個骨灰罐（準備存放這個證明我們曾

短暫地活在人間的證據——骨灰)，等完成後，打算放在我的房間，時時提醒自己，每天看著，想著將來死後就要被放入裡面的我，現在還有幸能活在骨灰罐外的世界。雖然，現在還沒做好，不過做好了，也許就能體會仍執迷不悟的我，正因如此，更讓我感到有「生死輪迴」了。

此時的「尭」，我認為實在是個很好的人生習題。

讓我有幸能看清楚這個字的是我父親的命終。

十一月三十日，真是個寒冷的日子。父親的身體又在痛了吧！有點想回去。但馬上就要星期六了，等星期六再回去吧！就這樣反覆再三猶豫了很久，最後終於決定在夜晚十點回去。

從豐岡市快速地踩著腳踏車的踏板，騎了三十二公里路，幾乎快到零時才回到家。父親看到我，高興的說：「像我這種沒用的人，竟然還有人會關心我，即使我現在斷了氣，也心滿意足了。世界上有那麼多人，現在又有誰比我更幸福呢?」父親的聲音逐漸薄弱、輕微，而消失了。

我以為父親睡著了，但繼母卻開始念佛。

「尭」，令我想起父親臨終的樣子。因此，我把它讀為「みてのまんなか」。

無論如何請您多加保重

東井義雄

其次，是野田風雪先生。

「先」字把生與死連在「一」上，這令我想起安田先生常說的話：「有生就有死」。所以，我覺得應讀為「非生非死」，既不是生，也不是死。只有在這混沌的狀態中才可能存在的觀念。

野田風雪

在整理諸位先生的信件之前，我想應該先回答松扉先生的疑問。且寫謝函送他，以聊表謝意。大家真的很投入且很認真地讀它，實在感激不盡。

我隨性的創造了這個字，這到底為了什麼呢？連我自己也不清楚。

當時，我在想這生死時，突然想到「生」這個字的第五劃「一」和「死」的第一劃「一」

是相同的，因此就試著把這兩個字重疊起來，而無意中創造了這個字。但若真的有這個字，我也不會覺得奇怪。至於如何讀它呢?只好聽其自然了。

以我個人的直覺，是這樣讀的：

首先，我把它讀為「涅槃」，這是個現成的術語，是引自「生死即涅槃」。雖然這個讀音很重要，但我總覺得它蠻空洞的、而且沒真實感。因此，感到很慚愧。

其次，讀成「生死一如」。曾經有一段時間覺得似乎這是唯一可能的讀法。就這樣，當我絞盡腦汁的想時，忽然想到它可讀為「しあわせ」，這是由「死し　合あわ　生せ」的讀音而來，當然可說為「死合併生」。

雖然這個唸法蠻有趣，但畢竟仍似懂非懂，缺乏自信，且模稜兩可的讀法（還是很困擾）。

把焦點放在字中的「一」上面，亦曾試著將它從時間的角度，讀成「現在—剛剛」；從空間的角度，讀為「此處—這裡」，當時還覺得這種讀法不也挺有意思的嗎?

啊！再來就更不順利了，怎麼想都想不出來更好的讀音，沒有一點進展。

最後，我只能讀為「さまよう」（徘徊）。對以上的種種，實在感到很慚愧。從前輩們種種深慮的讀音中，洗滌了我的心靈，實在很感謝各位。

託各位的福，現在我漸能體會「此處的我」、「生死的我」是如此難能可貴，再珍貴不過了。

今川　透

以上，都只是向淨土真宗諸大德的請益。至於其它宗派會讀成什麼呢？忽然蠢蠢欲動想多加探索。經過一番查訪後，決定先徵詢曹洞宗內山興正先生的意見。於是就寄了一封信給他。我曾經在星期日ＮＨＫ電視的宗教節目「心的時代」中，訪問內山興正先生，而留下非常深刻的印象。不久，我收到他的回信，喜出望外，把它摘錄如下：

您在來信中問「尭」字應如何讀？依個人的體驗，我想將它讀為「生死區分前的混沌生命」。我目前正在講《正法眼藏》的「現成公案」，而這個觀念正是我最近在節目中要討論的問題，有幸能從您那兒聽到「尭」的觀念，得到寶貴的教誨，實在感謝您。容我將目前正在使用的「現成公案」的講義與我個人解釋的筆記附在信內寄給您。下個月的第三個星期六，我預定會在京都宗仙寺法會上，講第八、第九、第十段。屆時，希望您能允許我提出您的姓名，以及關於我對「尭」的讀法（當天您若有空，亦請蒞臨指導，到時我會將詳細的時間與地址告訴您）。

我之所以想將它讀為「生死區分前的混沌生命」，是因為在筆記第八段中，提到：

「人死後，不能再生。佛法不把死說為生之死，這是佛教的習慣，因此稱為『不生』；又因為佛法不說死之生的輪轉規則，因此說『不滅』。生，是暫時而已；死，也是暫時而已。因此，佛法的結論是：因為生與死的開始，皆在阿彌陀佛（無量光、無量壽）光明的手中，是把『生死的生』、『生死的死』說為『不生的生』、『不死的死』。總之，以佛法而言，生和死是處於被二分之前，即無生之相，亦無死之相，即是無相，應該說『生死即是零』。

在第九段中，則提到：

「得到覺悟的人，就像映照在水中的月亮，月亮不曾濕，水亦無波。」

事實上，我們全部都活在這「生死等於零」中，就如映現在水中的月亮一樣，今後應如何實現與完成這生死等於零，這正是本公案所討論的重心。但關於這個問題，則在第十段以後才論及的。

（中略）

您提到這中間「一」的意義，您把它讀為「此時、此處」，而我則將此歸納讀為「生死區分前的混沌生命」，它的確是「現成公案」（若依我個人的解釋，就是「活在當下，平常心是道。」），這一點，承蒙賜教，再次的感謝您，因為它就是我在「現成公案」中所要表達的重點。

值此寒冬季節，回函并致謝忱，請多保重。

內山興正

收到這封信，我大吃一驚，而且感激萬分。對一位素未謀面的冒昧者，肯如此慎重其事的以謝函來回答，這是我始料未及的事。所以，我立刻寄出回信，與內人一起到京都宗仙寺拜訪他。他說：「《正法眼藏》的內容，實在很難理解。」而在講解中，把這個字寫在黑板上，告訴我們：「生死本是一體的，只因人的分別心把它分離開來。重視生的緣故，把死從生拿開，並且將它從意識中除掉。自古以來，佛教將『生死』視為一體，而都用『生死』一詞來表達。『生死』，不是分開來談『生』或『死』，而是應把它合起來用的。因此，應該說『生死』是人類依自己的分別，將它分為二以前的生命實相。而『[illegible]』貼切的表達了『生命實相』的含義。」

人類的分別心，如何障礙我們正確的認識事物呢？這引起我們做種種思考。

結束了談話，在休息室中我又請教了一些問題。最後，我拿了一張色紙，請求他為我寫「尭」一字，他說：「父親生前一直教誨我，絕對不能拿筆。」我說：「這一點務必請您多多關照。」終於他拗不過我的請求說：「那以後我寫了再送您吧！」如今，我收到了這張色紙。

在信中，他說：

平常折紙時，我的肩膀都不會酸痛；但當我提筆要寫這字時，感到肩膀非常沉重。現在，順便附上我近來寫的一首詩：

在生死二分之前
依生命的奧秘決定生死
不論輪迴至那一道去
目前所擁有的這個實體，才是生命

我如獲至寶般地把色紙掛在房間入口處，每天看著它。

內山先生是位折紙大師。當我訪問他時，他正用一張三十公分的四方紙折一個正十六角、直徑四公分左右的紙陀螺。以火柴為軸，用手指來旋轉，我從未見過這麼漂亮的紙陀螺。它大約旋轉了四、五秒鐘，當時我被那細密、精巧的手藝給楞住了。

變幻莫測的世界

經過種種的參訪、會晤之後，我的世界變了。在這之前，常聽長輩們說：生命是「所賜與的」、「天生我材必有用」、「共生的生命」等，而我也一直認為是如此，所以，我活到今天。但當仔細考慮自己對它了解多少時，才發現這僅僅只是表面膚淺的知識。我沒有深刻的感受到生命是被賜與的，或超越思慮的，或天生我材必有用的，我只不過是知道有這樣的說法而已，它沒有落實到我的生命中，令我感同身受。

透過這次的癌症、住院、手術的體驗之後，我的感官世界都變了。應該這樣說：這次的經驗，打開了我的心靈世界。

例如，以前聽到「蟑螂」時，會有怎樣的反應呢？內人會揮動著拖鞋，而我則把雜誌捲起來，衝過去打牠。但最近，我不會這樣做。雖然還有一些衝動，不過會緊急煞車。因為我看到了蟑螂的生命，所以就放掉牠。也因此被太太取笑。

從此以後，花，看起來是那麼的美。我所指的不僅是開在盆景，受人細心照顧的小花，而是像在柏油路縫中，長出一根根細長瘦弱的雜草，它努力地開出一朵朵漂亮的小花。我把它拍成特寫鏡頭，洗出來看時，美得令人感動流淚。但在之前，對這美好的世界，不但不曾注意，反而摧殘它，這就是我目前的心境。

現在我所擔心的是，等我恢復健康之後，這種心境就會消失了，但「兟」這個字會提醒我。所以我在房間最醒目的地方，掛上了這張色紙。並在日記本的第一頁、玄關入口的屏風上寫上這個字，自己唸給自己聽，片刻也不從「此處」和「此時」的「兟」中岔開。

督促自己以這種心情面對這寶貴的「兟」，盡力地、小心地、認真地活著。即使生活是如何忙碌，但在能力範圍內，不怕麻煩，努力完成它。也許大家會認為我在唱高調，但我很慶幸自己能從「癌菩薩」那裡得到啟發。個人實在不善於表達，謝謝各位。

3

告知與信賴

——與癌症去世的丈夫之約定

嘉本知加子

杜鵑花盛開

一向以身體健康感到自豪的丈夫，因胃癌去世是在動手術後的第一百三十天，也就是昭和六十二年五月一日，享年四十三歲。在他過世後二年，即去年的六月二十四日，《中日新聞》家庭版的「生活的作文」中，刊登出我投稿的文章，那篇文章請容我在此讀誦。

杜鵑花盛開了

丈夫二週年的祭祀法會順利結束後，我寫感謝函給那些照顧我們的人時，腦海中忽然浮現一幕幕往事。

從丈夫告訴我身體不舒服起，便立刻接受手術，卻在僅僅短暫的四個月後，便成為我們的守護神，前往天國旅行去了。從醫生那兒得知丈夫病名的那一天起，我們全家便展開和癌的戰鬥。不顧周遭親友的反對，我告訴孩子們父親的病名，讀高一的女兒和初一的兒子，強忍悲傷去探望父親。在旁看見那一幕的我，痛苦至極，幾乎喘不過氣來，我親口告訴甚至無法自己起身的丈夫一切真相，因為我不想在說謊的情況下，與心愛的人分別。為我擦拭汪汪淚眼的丈夫，握著我的手說：

「謝謝！難得你肯告訴我，一定很難啟口，很痛苦吧？讓你和孩子們受累了，真對不起。」

「在我人生之中，和你十七年來的婚姻生活非常幸福，作為一個父親最後能夠為你們做的，就是要盡力保全自己的生命。」

於是丈夫振作起精神與癌症對抗，以自己的身體教育孩子們生命的珍貴，比起被迫與妻兒分離，撒手獨去的丈夫，我們的痛苦真是微不足道啊！丈夫生前悉心照料的杜鵑花，今年又盛開了，看著滿樹的杜鵑花，才發現丈夫留給我們的愛遠超過一切。

我想這篇文章能讓大家大概地了解我們全家與癌症奮鬥的過程，在此，請容我將如何克服心理障礙，鼓起勇氣告知先生病名，作簡短的敘述。

丈夫的病情

丈夫的胃和十二指腸的交接處潰瘍，食物無法流到腸子裡，胃變成平常的兩倍大，過了一個禮拜後，因為食物倒回食道，變得非常痛苦，所以被告知要及早動手術。絕食一週後，胃裡的東西從鼻管向外排出，等待胃恢復普通的大小。在昭和六十一年十二月十九日，切除三分之二的胃及全部的十二指腸。手術後，醫生告訴大伯和我的哥哥「可能支持不到一個月吧！」因為擔心我受到過度的打擊，不能作手術後的看護，所以他們並沒有告訴我。

手術後的隔天，護士進來，竟對丈夫說：

「已經過了二十四小時，自己下床去上廁所吧！」

「動了這麼大的手術，怎麼講這麼無理的話？」我心裡想。

「難道一定非去廁所上不可嗎？」便反問說。

「不早一點下床活動，腸子的蠕動不良就糟了。」她又說。

我雖曾聽說護士小姐說話很刻薄，但沒想到會刻薄到這種地步。丈夫對年輕貌美的護士，難免比較有好感，便老實地回答「是」。而忍耐傷口的疼痛，起身下床，好不容易走到步行器之前，臉上的汗簡直像從頭上灌水下來一樣。其實後來我們才發現，這是醫生好心，想讓丈夫早點走動，爭取回家與家人團聚的時間。

可能是因為年輕吧！丈夫恢復得比預期的還快，大約一月底就可以回去工作了。兄嫂見到我興高采烈地說著那樣的話，覺得不能再隱瞞下去了。在手術後的第四天，也就是移到大病房的那天下午，哥哥告訴我丈夫的病情。

當時還是那麼有精神的丈夫，我實在不能相信。我懷疑自己的耳朵，一再追問，但最後的答案還是一樣。

「嘉本先生得了癌症，你一定要堅強」，雖然想止住淚水，但我的淚腺不聽使喚，一直湧出流個不停，雖然我也直接問過主治大夫，情況比原先所想的更不樂觀，他說：「我們已經盡最大的努力了」。原本並不認為有癌細胞轉入其他的器官，但事實上已經轉移到淋巴腺了，我對醫生說：「在眼睛可見的範圍內，請盡量切除癌細胞」的這句話中，祈願能有一點點的奇蹟出現。

於是請求醫生告訴丈夫癌症的事實，醫生認為甚至連最多再活一個月也不敢保證，因為癌細胞雖然已經切除，但不敢確定百分之百不會再發作。根據醫生在這大約十天內觀察丈夫的性格之後，他制止了我的要求，叫我「不能告知」。我相信如果丈夫知道是癌症的話，會積極地配合，接受治療。但既然醫生不願告知，也不便由我親口告知，不得已決意繼續對丈夫和孩子們欺騙到底。對於平日無所不談、最互相瞭解、傾訴的丈夫，竟然不能對他說實話，真是肝腸寸斷呀。眼前就像走在鋼索上，因為不安與恐怖，一步也不敢踏出去，這是我當時的心情。

因為不想讓丈夫聽到住院病患和照顧患者之間，不顧及別人感受、缺乏體諒的對話，所以得到醫生的許可而出院，就在手術後的第二十三天。出院後，丈夫到以前公司附設的醫院，為了注射抗癌劑及丸山疫苗而門診。不過手術後的一個月，背部激痛便再度住院，當時癌細胞已經移轉到胰臟了，同時，也有黃疸出現了。

告訴孩子們真相

那個時候開始，心想「至少應該要對孩子說真話吧」，但反過來想，讀高一和國一的兩個孩子，是否能夠承受這種悲傷呢？萬一從孩子們的態度變化，反而讓先生起疑心，到時怎麼辦呢？愈想愈覺不安；然而時光無情地逝去，一刻也不停留。正好此時，女兒等著參加四天三夜的滑雪研習，兒子也要去參加二天一夜的投宿研習；若是在活動之前告訴他們的話，他們二人一定會考慮到父親的病而不去參加活動了，所以決定活動後再告訴他們。女兒從開學前就興奮地等待滑雪研習，當時丈夫說：「爸爸送妳到岐阜車站。」那一天慢慢接近了，丈夫卻自己在床上懊悔，感到非常遺憾。

那時，醫生勸說：「背痛稍微緩和時，不妨可以泡泡澡。」所以丈夫決定要入浴。正好國一的兒子來了，他主動說：「我來幫爸爸洗澡吧！」三個人便一起到浴室。浴室中的水溢出來，水氣濛濛地，變得暖和起來。僅僅為了一個病患要入浴，心地善良的護士這樣體諒的幫忙，不覺心頭溫暖了起來。兒子為了父親，將澡盆的椅子和磁磚弄熱，拼命澆著熱水的兒子臉上，汗流如注，見到那個情形的丈夫便說：

「武，你也進來啊！」

「那我呢？」我便笑著說。

「也可以進來啊！」丈夫說。

「沒關係、沒關係，別人不會看到的。」他接著說。

這是我們三人之間共同的秘密。在寬敞的浴槽裡，丈夫不經意地看著高興地喧鬧的兒子，對他們二人來說，這是最後一次一起入浴了吧？幸好汗及水氣掩飾了我眼角的淚水。

兒子生日的那天，希望能回家一起幫他慶祝，所以向院方請求外宿，那一天，正好兒子從宿營研修回來，正在整理鞋櫃的丈夫說：

「我被你嚇了一跳。」

「我回來了！」

「爸爸，你已經出院啦！你才嚇我一跳呢。」以朝氣蓬勃的聲音回家的兒子，見到父親的面，高興地說。

兒子目不轉睛地窺探父親的臉，發現父親的眼睛黃黃的，而說：

「爸爸的眼睛怎麼了？怎會黃黃的呢？」

「真的變得黃黃的。」不照鏡子並沒注意到，因兒子的話而去照鏡子，丈夫自己也嚇了一跳說。

那一天是昭和六十二年二月七日，我們一起衷心地為兒子祝福遲來一天的十三歲生日。

數天後，我向女兒的導師吐露了這一切的實情，她說：「請務必告訴妳女兒真相。」導師並安慰我不要擔心女兒在學校的一切，並給了我許多溫暖、鼓勵的話。原本自認為已經可以控制自己的情緒對女兒說明真相，但事到臨頭還是感情勝過理智；女兒目瞪口呆，哭泣著說：

「騙人，怎麼會？爸爸怎麼會死呢？難道不能保住性命嗎？」

「我們也要告訴弟弟真相，請你和媽媽一起努力吧！」我握著女兒的手對她說。

「希望也告訴弟弟真相，我一定會和媽媽配合的。」女兒面對這麼殘忍的事，不久便貼心地對我說。

最後在兒子的導師、生活輔導師的配合協助下，也讓兒子得知了真相，他默然地低頭，肩膀不停地顫抖，一邊以手擦拭眼淚，一邊哭喊地說：

「難道都沒救了嗎？父親真的會死嗎？」

我只能撫摸孩子的背，安慰他。隨後緊接著必須趕到丈夫住的醫院，因為要裝作一切如常，所以回家稍作梳洗；我從浴室隱約可以聽到孩子們啜泣的聲音，很難形容這種感覺。雖然剛剛洗過臉，但哭過的臉還沒恢復正常；兒子為了掩飾便說：

「要買書給爸爸，我先出門，待會兒我會自己搭車到醫院。」

我和女兒兩人，耽誤了一些時間之後，也出發前往醫院；途中，我對女兒說：

「還沒有告訴你們以前，只有媽媽一個人，以後你們將會和媽媽一起努力，所以我感到很安慰。我們要好好珍惜全家一起奮鬥的這一段時間。」

彼此這麼約定著，往後在父親面前，他們兩人一直沒有奇怪的舉止出現，我心中對孩子們充滿了感激。

轉院

到二月底，為了肝臟手術，不得不轉院。非常幸運地如我們所願，轉入了離家很近的綜合醫院，這時不論是吃止痛藥或注射止痛針都不怎麼有效了，而黃疸愈來愈嚴重，要再度手術。此時我陷入兩難，一方面不想再讓丈夫身體受到傷害、折磨，但一方面，又希望能藉由手術，能稍微改善丈夫的病情。那時，丈夫的心裡也很沮喪，我試探地問：

「住下來吧？」

「這樣好嗎？」丈夫有點猶豫的說。

因為知道這一天是女兒的十六歲生日。雖然主治醫生勸告說：

「與其在大病房裡，擔心吵到同病房的人，而一聲不響的忍耐病苦，倒不如移到個人病房。」

但丈夫始終不肯乾脆地答應，這也不是沒有道理的；因為醫生所推薦的那個房間，從丈夫入院以來，沒有一個人是恢復健康地出來過，每個進去的人都好像被送到悲慘絕望的歸路，他自己就曾看見好幾個例子。

孩子們放春假後，每天都來醫院探望，丈夫雖然非常高興，但又怕吵到同病房的人，因為即使發出小小的聲音，就會被說：「今天××先生從早上一直發燒著，請安靜一點。」看到意志消沉的孩子們，我便要求「為了讓孩子們能輕鬆一點，移到單人病房吧。」丈夫同意了這一點，於是移到單人病房，從那一天開始，我決定隨侍左右。

那時，丈夫已經到連上廁所都覺得非常吃力的狀態，醫生說：

「最好不要下床上廁所。」

「終於可以自動排尿了。」當丈夫被插上導尿管時，丈夫喃喃地唸著。

我聽到這句話時，心裡有如刀割，病痛簡直是二十四小時不停地折磨丈夫啊！那時就算打了嗎啡也沒有用。

告訴丈夫真相

大約過世的前一個月，在早就過了熄燈時間的半夜裡，我們像往常那樣，談得正起勁，丈夫說：

「謝謝你讓我住在這間可以看到我們家的這個房間裡。」而一面流下了眼淚。我不由自主地靠近丈夫日益消瘦的臉頰，拼命地忍住不要掉淚，但丈夫溫暖的眼淚卻已經滴在我臉上，我心裡想：

「對心愛的人實在不應再欺騙下去，否則他會死不瞑目的！」

因此，我決定告訴丈夫真相。

「其實自從切除胃之後，我就猜想大概是肝癌吧？」丈夫說。

「即使自己猜想是癌症，但是看到全家人為了我，什麼都不說，只是拼命的照顧，所以我也不敢問。」他也告訴了我一直藏在心中的痛苦。

「謝謝，難得你肯告訴我，一定很難開口，很痛苦吧？讓你和孩子們受累了，真對不起！」丈夫悄悄地用手擦拭我的眼淚，握著我的手說。

「既然已經知道是癌症了，在有限生命的最後一刻，請支持我，我一定努力到最後一刻。」又說。

丈夫在出生後，父親就去世了，由母親一人養育長大，在成長的過程中，曾有寂寞的感觸，因而對自己家庭，他不希望給孩子們這種感覺；然而今天卻必須留下自己的孩子。此時，作為父親，在最後能為孩子們做的，只是盡全力保住自己的生命，因此振作起精神與癌症對抗。

雖然盡力地咬緊牙關與病魔對抗，但病痛卻絲毫不肯饒過他，有時甚至會產生「夠了！夠了！不想再活下去」的念頭，要是我們沒有孩子的話，丈夫說不定早就自殺了，連我也曾經好幾次想親手幫他解除痛苦。

「一定很痛吧！再忍耐！」

「一定很痛吧！再忍耐！」

「我對孩子們很過意不去，生病之後，幸好有你一直陪在我身邊。我四十三年的生命裡，和你十七年來的婚姻生活，真的非常幸福，能夠和你結婚是我的福氣，又蒙老天厚愛，賜給我們兩個乖巧的孩子，我已經沒有辦法再為你們做任何事情了，不過，我發誓一定會保護你們的，所以安心吧！孩子們就拜託你了。」丈夫用一種近似誦經般虔誠的聲音說。

隨後也以一位身為兩個孩子的父親的立場，充分表達了內心一切的疼愛和期望，甚至還對兄弟、朋友一一致謝。

那時正面臨生涯規劃，選擇未來職業的女兒，因為父親住院的因緣，而有機會直接接觸過去一直很嚮往的護理工作，並進一步親眼觀察、體認到這工作的重要性與偉大。丈夫雖然曾勸她說：護理工作非常辛苦、壓力很大，而建議她不妨改為從事其他性質的醫療工作，不過她本人的信心卻愈來愈堅定。她之所以會如此，我想主要是看到父親知道自己病情的真相，明知死亡就在眼前，卻仍然竭盡自己猶如僅存一絲微弱燭光般的心力，拼命地為了家人與病痛奮鬥的情形所感動。惟有與家人相聚在一起，才能使患者得到暫時的安樂；此外就是得到醫生、護士溫和的語言交談，或是接觸到體貼的動作舉止及慈祥柔和的笑臉時，就算身體的疼痛再劇烈，都會說：「謝謝」、「辛苦了」來表達內心的感謝。從父親的臉上，她才得知原來這麼微不足道的事，竟能讓患者高興得感激不盡。也正因為經過自己寶貴的體驗，更進而加強她決定自己的方向。丈夫對女兒堅定的意志也不得不讓步，便鼓勵她說：「雖然我仍然認為這是一條非常艱辛的路，不過既然是你自己的選擇，那就好好堅持吧！」

正因為告知病情的真相，反而使我們全家在面臨親人的死亡時，更緊密的結合在一起，並充分發揮這有限的時間，得以非常慎重地度過這重要的時刻，我覺得這是不幸中的大幸。

丈夫遺留在我們家陽臺上的是他生前悉心照顧的杜鵑，去年、前年都開了許多花，而今天又再度盛開。像是在告訴我們「要堅持到底啊！要堅持到底啊！」除了這些花之外，我們還受到許多人的關愛和支持，在此，我由衷地感謝每一個人。

〔問題回答〕

【問】：嘉本小姐，想向您請教關於醫生交代，絕對不能把丈夫得癌症這件事告訴任何人，包括兒女、乃至先生本人，因此想必妳第一次要告訴孩子們這些話的時候，心中一定糾纏著要說還是不說，想說又不能說的困擾吧！我想這一定很矛盾，接下來當您要告訴丈夫時，那種掙扎一定更加地痛苦，是嗎？當時之所以下這決定，是什麼因素促成的呢？再者，說了那些話之後，心情的變化如何呢？是否因此心情得以舒展？這些我想您一定親身經歷了吧！想聽聽您寶貴的經驗，希望能告訴我們。

【嘉本】：我會對孩子們告知丈夫的癌症，是因為當我們結婚時，也許是巧合吧！那時，丈夫的情形是，在很小的時候父親就過世了，由母親一人養育，在這種生活環境下，以及我自己的母親，在我出生五個月時就過世了，雖然欠缺父親與欠缺母親並不相同，但都是在單親撫養的環境下長大的，所以就更加重視家族的聯繫。當哥哥告訴我丈夫病情的真相時，在不知還能活多久的狀況下，回想起我們剛結婚時，曾經傾訴彼此的理想抱負，心中對美滿家庭有一股憧憬，盤算著子女該如何培育？如何扮演好父母的角色等等。但在這途中，丈夫被迫離世，不能完成理想與責任的那種心情，我是可以體會的，因為從結婚以來，我們就相知甚深。假如我站在丈夫的立場設想的話，畢竟我是女兒的母親，自己常會有許多話想對女兒說，可是先生他對兒子卻……。只剩下我一人，雖然仍可以母親的身份對兒女愛護與期待，可是先生以後連這些都做不到了，將心比心，我相信以丈夫的立場，他仍有許多話想對自己的子女說吧！所以我應該設法讓他有機會把話說出來。

從孩子的立場來想，他們已經是國中生和高中生了，多少具有判斷是非的能力，因為考慮到他們能否忍受這種悲傷，我一個人無法負擔，便和學校的老師商量，請求協助。在家裡，我隨時伺候照顧丈夫、一方面照顧孩子們，這方面我是有自信的，但是在學校，就非我能力所能及了。老師方面答應會好好配合，從旁給我幫助，所以我才敢對孩子們說明真相。對孩子們而言，或許他們也有自己的想法，例如可以在有限的時間裡，盡量幫父親多作一些事，多說一些話，多去探望、照顧父親。這樣一來，孩子們心裡就不會有所遺憾，覺得自己在能力範圍內，已經盡到人子的責任而心滿意足，事後他們也覺得幸虧我有說明真相。

就丈夫來說，在夫婦這方面的觀點，我們有共同的想法，因為過去不管什麼事都不隱瞞，在最後我自己不能隱藏這樣的大事。在一開始，祈望對丈夫告知癌症，結果被拒絕，我心中一直掙扎著，到底說好呢？還是不說好呢？到最後我自己還可以回到家裡，但丈夫希望回家卻不能如願。後來，在搬入可以看見自己家的那個病房時，丈夫說：「可以看見自己的家，真是太棒了！」當我聽到這句話時，就有股衝動想全盤托出。我曾擔心如果丈夫自殺怎麼辦呢？所以我二十四小時陪在身旁。儘管護士和醫生認為如果我告知的話，會使丈夫的情緒受到波動，但我還是告訴丈夫了；那時丈夫對我的告知以感謝的心情回應，後來，不知還剩多少時間的情況下，丈夫和我約定要一起奮鬥，並答應要振作。在大家的幫助下，我們才得以在有限的時間，能有圓滿的終點。

同時，因為告知，我們現在可以超越悲傷而生活下去。丈夫的人生很短，從告知後的這段艱苦歷程，到現在還是支撐著我們生活的最大支柱。

4 母親之生與死的啟示

因癌症而有的內心轉變

高橋啟子

以下，由我高橋啟子來負責介紹。田代先生告訴我：「何不嘗試發表一下妳的體驗呢？」剛好那時候我正身逢母親的七回忌，也迎接了自己的四十歲，因為那時正思索著：從現在開始，往後面對任何事都要試著積極地生活下去，所以我就一面想著這是什麼因緣而接受了這次演講。

今天的講題是「母親之生與死的啟示」，畢竟我是一個平凡的主婦，面對這樣的場合演說還是第一次，所以可能一下講到這裏，一下跳到那裏，沒有辦法講得好，還請多多包涵。

我的母親在五十九歲時罹患癌症過世，在那之前也經歷過癌症。那是在什麼時候呢？是在她比我現在還年輕的三十六歲時，她得了子宮癌。當時，我還是中學一年級的學生，對母親的病狀等等真的不是知道得很詳細，但知道那時候家裏有了某種改變。

到現在為止談的都是我的家庭，老實說是有點不好意思講，因為不是一個好的家庭。這是為什麼呢？由於婆媳之間的關係非常不好，說起來是個爭吵相當多的家庭。從真的是很細微的事情就會引發爭端，像飯煮得有點硬啦……，從這樣的小事情就開始互相傷害，實在是令人感到悲傷的家庭。歸根結底地說，由於祖母也相當辛勞，我想她會頑固是當然的。因為這樣，結果就是二個人的不合。

在那個時候，母親生了病，由於那一場病使我的家庭發生了轉機。是怎麼樣的轉變呢？母親住進了醫院，三個月不在家，祖母和我一起料理家事，所以我親眼目睹了祖母的轉變。在母親還健康時，她說：

「這樣的媳婦不行！」

或是：

「如果有更好的媳婦就好了！」……

等等的話。我出身於名古屋，用名古屋地方腔調來發音：

「不能出去喲！不能出去喲！」

不斷地說著這句話的祖母，在母親住院期間反而說：

「妳的媽媽是很好的人。」

也說：

「妳媽媽死了的話是不行的，我想代替她死。」

像這樣，祖母有了轉變。所以，從母親出院以後，說真的我的家庭變得很好，真的沒有了芥蒂。

母親就是母親，出院了以後，心想著怎麼會有這樣的轉變？連小孩子都可以察覺出來這樣的轉變，她感覺到祖母似乎很喜悅，母親反而變得賣力起來。這樣一來，祖母也感謝地說：

「謝謝！謝謝！多虧花子妳的幫忙。」

不是只有這種轉變，也還有另外一個轉變，接下來令我感到驚訝的是價值觀的改變。古人說：

「不能不工作，不能不工作。」

像這樣的在工作上拼命，由於把工作看得比家人的快樂還重要，所以連星期六和星期天都要工作。於是就工作、工作、又工作，把物質上的富足視為人生最大的幸福，祖母有著這樣的想法，但母親的病是一個轉捩點——人生不是這樣的，人生不是只在求取物質上的滿足，大家和樂相處，內心豐足地生活著才是幸福——領會到如此而有了轉變。在那以前，我們沒有全家一起出去過的事，但從那次以後祖母會說：「媳婦啊！我來留守，妳去吧！」出乎意料地我們可以全家一起出門，也開始有了像這樣的快樂的事情。

自從那以後，家裏一旦和樂起來，跟著和親戚們的關係也變好了。在祖母和母親交惡的時候，對媳婦感到不滿意，和親戚的關係也不好；當家庭變得和樂時，母親的處境就逐漸好轉，親戚關係也變得不錯，還有和周遭鄰居的關係也變好了。家庭和樂，進而和親戚們也和樂相處，和周遭鄰居也和樂相處……有著這樣的感覺，出乎意料地種種的事都往著好的方向發展。母親也變得很會照顧人，很喜歡幫助別人。

因此，對我的家庭而言，那次癌症成了向好的方向轉變的誘因。

母親自從出院之後，繼續煎服漢方藥。我現在還記得的是過了五年以後，母親真的打從心裏高興地說：

「啊——，不必擔心癌症會復發了，醫生也說過了五年就沒關係了，所以已經沒有關係了。」

祖母也不知道是否因為確定母親健康了，就在那一年過世了。臨終的時候，祖母對母親說著：

「非常謝謝妳！非常謝謝妳！」

二人真的是比親母女還要親，我一點擠進去的空間也沒有，祖母就在這麼好的關係中去世了。如果母親沒有在某個時期罹患癌症的話，我想二個人必定會在反目的情況下分別，如今二人緊緊握著手，說著感謝的話而分別，想必是癌症幫的忙。

還有，對我來說，感到最幸運的，不是找到了往前的方向，而是目睹了對我而言非常重要的祖母和非常重要的母親二人吵架的樣子，那真的是令人難過的事。看到如此重要的共同生活者一直在吵架的話，漸漸便會對人感到厭惡，會陷入對人的不信任之中。這樣一來，自己也會變得沒有自信，成了做什麼事都感到消極的自我。然而，看到母親和祖母感情很好，手握著手的樣子，不知不覺地了解到人還是好的——感受到那種喜悅，並且，觀察他人的優點的話，大家不是會和樂相處嗎？假使人們總是看到對方的不足之處，就會變得不喜歡對方；如果互相觀察對方的優點而生活的話，會是真正幸福的事，我能親身體驗到這件事，對我而言這才是最幸運的。

一直到某個時期，我還對生於吵吵鬧鬧的家庭感到難過。然而，我認為生於這樣的家庭可以學習、見到種種的人的內心轉變，是生在最為幸運的環境。

與祖母臨別之際

稍微換個話題，我還是在和祖母臨別的時候，感到最傷心難過，這怎麼說呢？因為就在祖母過世的時候，我只是個高中生，年輕氣盛，對老年人也不能好好地和顏對待。現在回想起來，如果當時懂得好好珍惜就好了！如果當時能好好做就好了！在祖母臨終的那一天，祖母的死真的是很突然，和她的最後對話，我真的說了很殘酷的話。

「今天晚上吃什麼呢？」

祖母聽到我這樣問，回答說：

「不清楚。」

我說：

「我去問一下。」

說著就去問媽媽。

「是炸蝦。」

媽媽這麼回答。於是我就說：

「今天吃炸蝦。」

祖母說：

「好想快一點吃。」

「奶奶！還要等一等。」

如果我當時能和顏悅色地這樣說就好了。可是我卻說：

「奶奶好饞嘴哦！」

「晚飯還要等等，就開始嘴饞了！」

話還掛在嘴上，炸蝦就送上來了，那天晚上打算在蒲團那邊吃飯，祖母說：

「我手沒有力氣，不吃了！」

後來連炸蝦都沒吃就上床了，幾個小時以後就成了再也不回來的人。

我沒有想到那會是和祖母的永別，況且祖母過去也曾經有過一次「臨終」，周遭的人都說：「死過一次的人會長生的。」我想她會活到一百歲，由於沒有想到祖母會那樣突然地死去，所以會用「奶奶嘴饞」的話來作為和祖母的臨別之語。對我而言，回想起來是很難過的。

由於有過那樣的傷痛，和別人有緣相會必須要懂得珍惜，因為不知道什麼時候就要別離，所以時時要懂得珍惜，透過和祖母的這種別離，教導我世間無常，現在真的對自己所做的惡事感到詫異，同時也讓我學習到一些事情，我這樣子自我安慰著。

母親三十六歲時的癌症，真的很幸運地度過了，我對母親為什麼有如此的轉變感到疑惑，在母親死後整理她的遺物時才了解。那是為什麼呢？我看到了母親當時寫下的東西，簡要來說的話，大概寫了以下的事：

第一，自己的生活方式是錯誤的，自己對人的想法是錯誤的，對祖母能夠更和顏悅色就好了。第二，不知道以後要用什麼樣的態度來生活，但往後的日子要珍惜地過——她寫著這樣的話。第三，對父親的感謝話語，以及把留下來的孩子託付給他的事。接著又寫下憂慮我長大成人到懷胎生子的事、希望父親這樣做、那樣做……寫下了這種種願望。

當我看到這些的時候，我想母親自己接受了癌症的事實，進而反觀自己，想著剩餘的日子要怎麼過？是由於這樣的事而有所轉變。因為面對著死亡，所以母親在人生觀、價值觀、對人的看法等方面突然有了轉變，是因那樣而轉變的啊！我了解了母親的心。然後，我深深地感受到母親的愛，眼淚潸潸流了下來。

關於第一次罹患癌症的事，就如以上所說。

母親的二度癌症

接著，我將述說母親在五十九歲時又得到癌症，從這個世間畢業——我不說「死」這個字——的事。

我的母親從過世的幾年前開始，又回到上回接受手術的醫院複診，治療上回癌症照射鈷六十所遺留的後遺症。我想這次癌症的發現大概太遲了，所以宣告罹患癌症之後約二個月就過世了。

上次癌症住院是在夏天，這次也還是夏天。母親體力逐漸地衰耗，由於正值盛夏，持續地高溫，所以食慾不振，真的就在認為會這樣子死去的衰弱狀態下住進了醫院。我想在住院的時候母親大概對自己的死有所覺悟，將自己到那時候為止掌理的東西全都交代給了父親，又把弟弟叫來，想說些遺言。

住進醫院以後，只能躺在床上。由於膀胱不好，所以在泌尿科住院，從導尿管排放出來的真的是紅色的血尿，我當時認為母親可能會就這樣子死去。幸好藥發生了效力，體力回復了起來，進行了人工膀胱的手術。裝上了人工膀胱，袋子在兩邊垂下，如此一來，裏面就留下了潔淨的尿液。那時我看到了袋中的尿液，心想著真的是很潔淨，袋中的尿液一點一點地增加，我不由得對含藏於我們身體中的不可思議現象感激莫名。還有，我也仔細思惟著每天的日常事物是多麼值得珍惜。

很幸運地，那次的手術也順利地結束，手術成功了。但那時醫生還沒有說是癌症。

「是癌症嗎？」

「不是癌症。」

因為醫生這樣說，我們家屬說：

「啊！太好了！」

我們感到安心。由於母親的體力逐漸回復，所以一度覺得會死的人，又開始抱著可以活下去的希望，說著出院的話想要灑掃啦！想要洗衣啦！……

因為還只能躺著不能起身，做逐漸出力從床上起身的練習之時，腳在床上輕輕地反覆抬起放下，因為腳非常痛，所以照了Ｘ光和ＣＴ。腳部那裏是最早發現癌症之處，醫師當時第一次宣告了癌症。那時還在腳以外的幾個地方發現癌細胞，雖然過去也有著可能是癌症的想法，但在癌症宣告之時，總覺得好像是夢中的事一般。感覺到連眼淚都哭不出來，就在一個手術順利完成，正當歡喜地迎向病情好轉之際，這時只是身體在顫抖著。醫生說足骨因癌症變得脆弱而發生骨折。

那時醫生說要動手術，但我心裏已經不願再讓母親的身體受傷害了。即使動手術也幾乎沒有治癒的可能性……。加上一個月以內接受二次的麻醉，如果母親就這樣死去的話……那樣的恐懼很強烈，相當難以說出同意手術的話。醫生說：

「先忍受手術的痛苦是很重要的。先忍受痛苦，在剩餘的日子裏抱著希望而活不是很重要嗎？」

所以我們家屬們就同意了手術。之後進行了切除足骨，裝上人工骨頭的大手術。這次也很幸運地順利度過手術，逐漸回復起來。

在那個時候，對我來說也有許多值得珍惜的事，舉其一來說。有個護士說：

「你們真奇怪！在醫院裏就不要考慮太多了，想著只要妳對母親不會感到歉疚，怎麼做都可以不就好了！」

那般話給了我勇氣，想著在醫院裏不要考慮那麼多，只要對癌症有幫助的，怎麼做都行。還好在那個時候，有人給了我這樣的建議，多虧她的幫忙，她教導我，叫我要下決定，由於她的恩惠使我能夠做對母親不會感到歉疚的事。

以下雖是零碎的話，但……如果有人說枇杷葉萃取液的溫溼布（譯者註：以浸泡溫水或溫藥湯後擰乾的布貼於患部使溫熱的方法。）有幫助的話，我就用溫溼布。母親喊著這裏的鎖骨疼痛，就用溫溼布把那裏的疼痛消除。因為我還無法向母親表明罹患的是癌症，所以也想為她把溫溼布從醫院帶出來，要來了空的藥瓶，好把溫溼布放進去，請求說：

「護士小姐，麻煩您了，請當作出院後的用藥給我們！」

我們就這樣給母親用溫溼布。

之後，先生到東京去，買了丸山疫苗，畢竟醫院並沒有同意說：

「好，可以打這種針。」

所以無法確定能不能為她打針，但第一次帶去時，醫生說：

「這沒有用的。」

不接受那種藥。

「如果是您的母親的話，您會怎麼做呢?縱使知道是沒有效的，如果是您的母親的話，您會怎麼做呢?」

我這樣說著，那位醫生就把丸山疫苗接到自己的手上去了。

還有，也煎了漢方藥帶去。

告知

我對要不要把癌症的事告知母親感到非常迷惘，說是我為難，還不如說是我們家屬。母親已處於躺在床上身體不能動的狀態，我想如果是在她還可以做些事的狀態下，我會毫不遲疑地向她告知，因為想讓她不會遺留下未完成的事……。然而，已經是只能躺臥床上，身體無法動的狀態，由於害怕告訴她癌症的話，母親會失去生存的動力。可是反過來，如果告訴她癌症，她卻可以覺悟自己的死，做一些在床上也能夠做的事。覺悟死、接受死，進而希望安詳地從世間畢業。我在二種選擇的狹窄空間中苦惱著。

然而，母親感覺到自己的死亡，而且接受了自己的死亡。有一天，母親向我說了關於這場病的事：

「想要再活下去。身體到了這種情況也還想再活下去，活著可以替大家做一些事。可是，已經沒辦法了啊！」

眼淚潸然落下。我對母親說：

「生為媽媽的孩子，我真的是很沒用。媽媽，謝謝您！」

母親也說：

「有妳在就可以了。」

摸著我的手，我們互相道謝，然後，我向母親說：

「媽媽！您可不要再擔心了，因為我會盡力做好。父親的事、弟弟的事，什麼都可以不用擔心，媽媽！」

如此一來，母親似乎就安心了。母親將心中剩餘的事，想這樣做、那樣做，留話給我，二人相互道謝，母親是在做真正的話別嗎？……之後母親再也沒有說過「想活下去」的話，完完全全地接受了自己的病。

令我們家屬最感到難受的，是在要她喝嗎啡糖漿的時候。很幸運的，雖然母親不是沒有非常疼痛的情況，但過世前幾天則沒有那麼痛。或許是她在忍耐也說不定，雖然如此，從去世前幾天開始，為她注射了止痛藥……。

過世前幾天有這樣的事發生，母親的朋友們來探訪，在那之前母親還喊著：

「痛呀！痛呀！」

但可以看到那些朋友們，就笑容滿面地聊起種種話題，說著：

「謝謝妳們啊！」

向朋友們做真正的道別。當時我真的以為母親的那種劇痛消除了。朋友們回去了以後，我問說：

「媽媽，已經不痛了嗎？」

她說：

「痛，請找人幫我注射好嗎？」

我到護理站請她們來注射，醫生說：「注射也沒用。」聽說嗎啡之類的，喝糖漿就好了。然而，醫生說喝這種糖漿的話，作用不會維持太久。當時，心裏真的不想讓母親喝，聽到作用不會維持太久，就想不讓她喝……。可是，母親正在疼痛，放著讓她這樣子也不行，還是同意給她喝那種嗎啡糖漿了。喝了之後的母親和喝以前的母親簡直判若兩人，一向堅強的母親變得像小孩子一樣。那時候，真的是很難過。

於是，我甚至求助於護士，護士回答說：「很抱歉！」我想只因為護士們對病人喝下後的變化情形知道得相當清楚，所以有著不同於家屬立場的難過與苦處。我心裏想自己絕對不能感到難受。

在這裏只想誇讚一下自己的母親。喝了糖漿之後，我想雖然她表面迷糊，但內心絕對不是癡呆，我認為她是很清醒的。也有這樣的事：因為止痛劑正發生效果，她以腦筋不清醒的狀態坐在床上，哭著說：「我真壞！」潸潸落下淚來。當時我想母親是在對自己的人生進行反省內觀，我知道她是在反省自己的人生，並且接受自己面向死亡的事實，再加上重新想起自己過去的錯誤。

還有另一件值得驕傲的事。在那三個月間，沒有說過一句牢騷話。不管接受怎麼樣的手術，在怎麼樣的時候也不會發牢騷，全部都是很坦然地接受，沒有發牢騷的事。之後，不管面對什麼人、什麼事，都合掌說著：「謝謝！謝謝！」晚上、白天、半夜中也……，一天二十四小時隨時都持續說著：「謝謝！」過世前幾天，在止痛劑發揮效力，意識處於朦朧的狀態下，如果護士為她量血壓，她就說：「謝謝！」注意到我就說：

「妳在嗎？謝謝！」

母親做著合掌的動作，持續地說著謝謝。

母親之死與佛教

母親的死還真的是意想不到的突然，走得很快，但那是絕美的死。護理長也對父親說：

「這麼美的死還是第一次看到。」

就如同某一本書的書名，母親真的是以「安詳的微笑」而逝，比來的時候還美，母親安詳地從這個世間畢業。

然而，說到為何母親會安詳地迎接死亡，也還是因為接觸釋尊的教義——佛教——的緣故。如果沒有佛教的話，我想母親就不會如此安詳地迎接死亡了，一定會說：

「為什麼只有我自己？怎麼了？怎麼了？」

投下這樣的疑問，我想如果處於悲傷感歎，算是從這個世間畢業嗎？

母親並不是從一開始就以學習、信仰、實踐釋尊的教義來生活。對於宗教，母親也有過以錯誤的宗教觀來生活的時候，認為所謂的宗教，信仰這一件事就是祈求以使自己的願望獲得滿足，以這樣的想法來生活。因此，說起來是祈求的人生。如果有什麼苦惱的事，就到人家說「那裏很靈」的地方去問神，聽到「幾代前的某某在作祟所以這樣」，說著就供養啦！撒鹽啦！這樣的祈求式人生，要走左邊呢？還是右邊呢？自己打不定主意，就問：

「應走哪一邊呢？」

「左。」

「嗯！是這樣嗎！」

像這樣，母親也有過沒活著自己的人生的時候。然而，如果要為母親辯說的話，我會說這樣的事是通向幸福的。我想那是幸福的事，因為是為了保佑全家而信，所以母親那樣做，因而有了大的偏差，變成了祈求的事，請這樣、請那樣，使自己的欲求、願望獲得滿足，認為這就是信仰。並且認為能夠給予這些利益的就是好的，她有這樣的想法。

我自己也一度有過那樣的想法，祈求又祈求，還是不幸福。祈求又祈求——一直到某個時期都想試著求得真正的問題解決，但到了某一個時期，就覺得只藉由祈求希望這樣啦！希望那樣啦！人是不會幸福的。

在那個時候，「要不要進一步學學佛教？」也有給予這種建議的人。剛開始時有這樣的反應：「學習佛教？」佛教是超度死人的，對佛教只有這種想法；只認為佛經是用來超渡死人的，所以對於學習佛教之事，最初是抱著疑問。但他們對我而言成了大恩人，我開始學習佛教，我第一次知道佛教裏面有談到作為人的生活方式、人要保持怎樣的心、要做那些事。從那時起，學習佛教、釋尊的教義，進而母親也跟著學習，我想因為母親確實地實踐教義，所以能安詳地迎接人生的大限。

的確，以我自身而言，我想如果沒有接觸到釋尊的教義的話，就不會和母親有美好的別離。畢竟是因為在佛教中，透過學習釋尊的教義，可以學習到至親之愛的尊貴和深厚，還有種種對人的看法、思考方式也有了改變，不是在祈求避開苦惱，那是要由自己承擔的，而是裏面包含有人的學問——我認為有了這種想法，是非常幸福的事。

令我感到最有福氣的事，是遇見了許多的人，給了我種種的好意見，多虧了他們才有現在的我。

接觸釋尊教義以前的我，是個不平不滿非常多的人。總是想著誰能給我幸福，小時候是爸爸媽媽，結婚以後是丈夫。比起想著幸福的事，我更常挑剔不滿足之處，是個認為自己不幸福的人。因此，是個很少感覺到滿足、幸福的我。我對自己還未滿足的部份做祈求，想祈求某些事物的滿足，同時也為了病痛等種種痛苦而祈求，想得到解救。

還有，我很少省察自身，總以為自己是對的，我周遭的人是不好的，老是想著如果他人能夠改變的話就好了。真的是只責求自己以外的人，以自我為中心。

在那個時候，在我的內心深處，感覺到湧出了如果自己改變的話就好了的想法。自己改變的話就好了，但是不知道要怎麼做自己才會改變。「改變吧！」即使想朝著這方面努力，也是表面的，非常不容易改變自己。我在那樣的時候接觸了釋尊的教義。

然後，我首先嘗試用第三者的眼光來省察自己過去到目前為止的做法、對事物的看法、想法，用這樣來開始。還有，透過一個一個教義的學習，真正感覺到眾多的苦是在自己忘失自足心的時候生起，這首先要從注意到現在的我是幸福的開始做起，由於自己周遭存在著許多可以令人感覺幸福的事，所以我注意到了將它們視為當然的事而忘失感謝心的我。

到目前為止，一件件認為自己不幸的事情，就歡喜地逐漸改變。就在自己這個心中，想著幸福的事，也想著不幸的事，慢慢地，心中的想法又覺知這樣的感覺方式是不對的。接著，我有了這樣的想法：對不管怎麼樣的悲傷和痛苦既不逃避，也不怨歎，藉由承當它們而生活下去，這是做人的學問，超越的時候是會感覺到喜悅的。

透過學習佛教、省察自身，我覺得我對事物的看法、想法，都和以前的我有所不同，真的是一件幸運的事。

回到剛才的話題，母親住院以後流下了種種的眼淚，痛苦時的淚、悲傷時的淚、高興時的淚、感謝的淚。但現在回想起來，全部都成了值得我懷念和珍惜的事。

以時間來說，雖然只是短短三個月的期間，但是我認為什麼事都比不上可以和母親面對面相談來得可貴。雖然無法說時間算是長、算是短，但我有著充實的感覺。

現在想起來，和家人們合力，凝聚為一體地看護母親的病，大家一起和母親互相道別，真的是很可貴的事情。

〔問題回答〕

【問】：高橋女士的話，是通過自身而感受到的體驗，使我們得以聽聞事情的狀況，我想不單是我，在場所有的人都深受感動。

透過母親，或是祖母的事，對這樣的現實事況認真地省察，然後有所領會於心，並且邁出了自己的第一步，我深深地感動。這樣的心情或心理，是因為從小在那樣的環境中長大而有的呢？還是因為直接面對上述那種場面而有的感受呢？我想探問這一點，麻煩您說明一下。

【高橋】：絕不單純是因為從小在那種環境中長大而有，至於說為什麼會形成那樣的看法，就如同有一本書中所說的：省察自心的人生觀——省察自己。進而在自己走過的人生中尋取寶藏，失敗也好，厭惡的事也好，自己走過的人生中存在著許多寶藏。知道有這種的人生觀，透過再次的重新省察，因而有了這種對事情的看法，因而有這樣的想法……。我想之所以能夠這樣，還是得益於對自己人生的省察。

誰都認為自己走過的人生中有著燦爛的過去，只是在那裏想著自己曾有過的那種生活方式是沒用的，不是以這種無益的思考而活；在那裏曾有過那樣的體驗，但學習到什麼呢？像這樣抱著學習的態度來生活的話，人生是真的非常有意義的，不是會快樂而幸福地活著嗎？我確實有那樣的感覺。

再說一點其他的話。我不認為癌症特別地恐怖，不是只有癌症才會死，因為各種各樣的病，誰都說不準會在什麼時候死去，不是嗎？得到癌症就說：「我好怕！我好怕！」卻不懂得珍惜地過完剩餘的日子，我想不管癌症也好，感冒也好，都是一樣的。只在那裏因為癌症而抱著害怕的心情過日子，每天特意不讓正確的感情起作用，那才會變得每天徬徨度日。當然不得到癌症是最好，但如果罹患之後坦然接受，進而淡泊地生活著的話，不是很好嗎？

至於問到我為什麼會特別有那樣的感覺，是因為我的婆婆吃了晚餐，然後說了：「承蒙厚待了！」「再見啦！」我們什麼也沒辦法為她做……她住在離我們很近的地方，當我們趕到時，已經是在她失去知覺以後，什麼事也沒有辦法為她做。還有，我有一個堂兄弟在二十四歲時，才剛決定要結婚，最是快樂的時候，因為心臟麻痺……。當時他的父母是多麼地悲痛。因此，不要拘泥於癌症啦、什麼啦，每天想著：「今天又可以活一天。」活著的話，不是很好的嗎？我是這樣認為。

5 生與死
——女兒死於癌症之因緣

岸本鎌一

女兒之死

我是岸本。八十五歲了，常常會昏倒，迷迷糊糊地來到這裏。因為每天繼續減少著大約二十萬個的腦細胞，所以自己對這種事知道得很清楚。其中之一是聽覺神經細胞受損，內耳主管接收到的聽覺，同時也和平衡感覺有關，如果那邊受損的話，雖然有意識，但會昏眩而暈倒。我每週會到覺王山的釋尊舍利奉安塔去參拜，也會在途中暈倒過去。當時，也有過如果就在那邊死掉的話，是自己的夙願的感覺。我向內人提起這件事，她就說：「對你好不好我不知道，我可不喜歡！」我自己曾經想過自己的想法是不是過於誇大，但又怎麼也不覺得誇大。現在開始一件一件地說，也不知道能否讓大家明白。

剛好在一年前——明天是女兒的週年忌——畫畫的女兒因癌症而過世。在東京畫了有二十年，回到名古屋，在癌症中心接受乳癌手術，之後又度過了十年左右的歲月。在這十年間，她的手和眼睛不肯稍歇，拼命地作畫。即使躺臥床上也像入迷般地畫畫，畫了差不多有三百幅。那些畫今年三月在東京都立美術館舉行遺作展，以「來」作為參展主題。不管怎樣，女兒是不顧一切地認真作畫，那是女兒的宿命啊！她也沒有和雙親談過要從事畫畫，當她成為畫家的時候，我在那之前一次也沒說過要她成為畫家。大概是內人喜歡畫，想過要成為畫家，所以我想是由於內人的指導。女兒甚至到了有賣命作畫這樣的感情。

如果癌細胞轉移到全身，甚至到了末梢神經的細胞，就會非常的痛。女兒也同樣感覺到疼痛異常，因為非常的痛，連身為父母的都不忍心看下去，沒有其他的辦法，所以我和內人拼命地為她按摩，不用說，按摩是無法緩和疼痛的。然而，心裏是想著這樣做不知道能否給予一些心理上的安慰。在內人那一方面，由於母女情深，所以特別滿懷親情來為她按摩，但女兒早已痛得難以忍受。因為我們真的很不忍心，就到我一位做內科教授的朋友那裏去，說：「因為她很痛，所以我們實在不忍心，您可不可以幫她止痛呢？」他是位年紀大而腦筋好的男士，他說了一句：「了解了。」醫生說：「請讓她快樂。」就是不願意幫我們打針。有人說向醫生做這種請求的話，等於是說：「請幫我們殺了她！」可是我還是不得不說：「請幫她止痛吧！」她真的很年輕，我們非常不忍心。

之後我回家睡覺，內人也從醫院回到家裏就寢，醫院來電說：「請立刻趕過來，有緊急狀況！」接到電話後，我們火速地趕到醫院去。聽說當醫生發出這種通知時，就已經是救治無效的時候了。由於我相當了解，心裏想著是已經死了還是正處於危險的狀況而趕到了醫院。女兒的名字是清子，我們叫著：「清子！清子！」一點都沒有反應。當然脈搏也停了，只有心電圖在跳動著，啊！雖然心電圖還在跳動，我想那已經是臨終了。過了一會，心電圖也停了。隨後就移到靈安室，我覺得我在那個時候的念佛，恐怕是我這一生中最為純粹——雖然我的念佛不是純粹的，但由於念佛這件事是純粹的——的念佛吧？

當她生病的時候，我心裏想告訴她癌症的事，想老老實實地向她告知癌症這一件事，並且想讓她了解宗教的真諦而死，那是我心底的願望。可是主治醫師告訴我說：「醫師，那種事最好不要說呀！」做內科教授的朋友也說：「那種事不說的好。」我心想：「是這樣嗎？」如果內人對我的看法表示贊同，我是打算說的，但內人也說：「那個孩子非常敏感，不要說比較好呀！」我大體上是聽從內人意見的男人，於是感覺不要說比較好。我在橫濱大學做醫生的兒子聽到這件事，也說：「應該遵照主治醫師的意見。」「這樣嗎？知道了，知道了。」

之後就聽從主治醫師的意見。

我前面提到每週一次到奉安塔參拜的事，當然，不是去請求醫治女兒的病，並不是為了祈願而去的。病痛是宿業，那是無可奈何的。「為了主體性的確立，請賜予方向的導引。」說著，在塔前叩頭禮拜。隨後向神明請示，神明指示說她本人也知道了的樣子。

在美國得到癌症的話，告知的事好像很普通，日本卻有不可說的習慣，我思考著為什麼會有如此大的差異。有一位到美國去的日本新聞記者叫千葉敦子，她在《紐約客》上登載了《與癌奮戰》和《不屈於癌》的書。是位相當有勇氣的女性，坦然地知道自己得了癌症，這樣地死去。還有，有一位和我一樣同為精神科醫師的女醫師，美國的邱布勒・羅絲，她將對癌症患者告知全部病名時的情形寫在書中。日本也有翻譯本，她讓學生們看到了病患被告知病名時的樣子。然而，學生們可以看，病人的一方卻不能看。我也認真參與愛知縣身心障礙者社區的建設，那個社區的一切就是如此設置。……

像這樣，她說每個人都會歷經五個階段才接受癌症的事實。剛開始，會說：「我這麼倒霉嗎？」完全地絕望。因為美國人、日本人都一樣是人，所以這是當然的吧！隨著階段逐漸提升，最後他接受了癌症的事實……。說到美國人為什麼等待著死亡，我想大概是因為宗教，換句話說就是基督教，宗教在美國人之間比在日本人之間更為滲透吧，不是嗎？不管怎樣，原因之一想必是如此。現場的諸位裏面，也有對佛教有很好領會的人，會相當清楚我所說的吧！……

今天坐計程車來到這裏，我問司機說：「你信仰哪一宗呢？」他回答說：「對宗教一點都不感到興趣。」在日本，這是很普遍的事。因此，日本雖然有舉行喪葬儀式和法事等，但那只是儀式，和真正的宗教沒有關係呀！因為不是在面對心的問題，只是在做儀式……。

明天會到我住處的法師，在做法事時一定會說：「儀式真的不能被當成宗教。」這樣的法師不是很少的嗎？我認為不管怎樣，日本人比起美國人來說，宗教心非常淡薄，各位也是這樣認為嗎？

另外一點，因為民主主義施行得徹底，對於告知一事，美國人是相當敏感的。日本一直到大戰結束以前，抱持著「可以使由之，不可使知之」這種主義，無論如何，我想「不可使知之」這樣的事是日本的一個習慣，於是就產生了這種情形。

這一次由於受田代先生之託，所以讀了幾本書，明治初年有一位叫作中江兆民的人，寫了一本《一年有半》的書。中江兆民曾留學法國，明治初年在東京開辦了法語學校。當時，聽說福澤諭吉的慶應義塾和中江兆民的法語學校，以及大隈重信的法律學校是三所著名的學校。中江兆民好像得了喉癌，不能正常地發出聲音，於是到大阪的醫生那裏去診療，醫生說是癌症。他問醫生：「還能活多久呢？」醫生回答說：「嗯！情況好的話是一年半。」是相當好的對話啊！中江兆民說：孔子言：「朝聞道，夕死可矣！」有一年半的話，已經超出很多了。是個很有領悟的人吧！事實上沒有到一年半，僅僅活了八個月，但他又寫了《續一年有半》的書。書裏面明明白白地寫道：「我是無宗教信仰的唯物論者。」那是法國的唯物論，所以和馬克思的唯物論有些不同，是更為原始的機械性唯物論。

我碰到過幾個信仰唯物論的人，鮮明地抱持唯物論的人，還是非常堅定的。我想我對唯物論並不是沒有領會，而且是有很深的領會。會自己明確地表明是唯物論者的人，是因為持有某種世界觀吧！所以像現在所說的，中江兆民說有一年半的話就可以了，寫了有名的二本書以後因喉癌而過世，人生還是有必要確立一個人生觀、世間觀吧！我是這樣以為的。

無論如何，美國和日本有相當大的不同點。

我仔細地思考，今天日本因癌症而死的，大概佔死亡總數的四分之一，另外四分之三是死於其他的疾病。在得了其他疾病的情況下，大部份是不向他們告知的嗎？很奇怪呀！為何只有癌症是不能說的呢？我對這不太明白。如果說是因為癌症是絕對無法根治的病，但是因其他疾病而瀕臨死亡的人，當病無法醫治時也是會死吧！不覺得奇怪嗎？我個人並非覺得完全不可思議。然而，其他四分之三的疾病即使一時治癒，絕對治癒這件事是沒有一定的，有因此死的。現在，即使結核病也不是全都會治癒，也有人患結核病而死，說是特別好醫的肺炎等疾病，厲害時也是會致命的。為什麼其中只有癌症是不可說的呢？我無法明白呀！到底忌諱什麼呢？

釋尊提到「生老病死」，死的真正原因何在？普通認為是疾病。用科學的思考方式來說的話，疾病是其原因吧！但真正的死亡原因是什麼呢？那是「生」——出生的事吧！因此，說到死的真正理由，我想還是出生這件事吧！

不管怎樣，我對於只有癌症不能告知一事，感到非常奇怪。

在女兒進入緊急狀態，過世前的一個星期左右，我和她到醫院去，房間的右上方供奉著奈良法華堂——三月堂——的月光菩薩的複製像，左邊有耶穌基督的像。我想自己對於宗教也不是怎麼的不清楚，所以如果有機會的話，我倒想談一談宗教。當時女兒突然對我說起這樣的事：「爸爸！比起佛教，釋尊更讓我傾心啊！」然後看到基督的像，她說：「比起基督教，耶穌也更讓我傾心啊！」我感到驚訝地說：「是這樣啊！我也贊同這種想法。」除了那些話以外，因為她正處癌症末期的疼痛時期，所以沒有再說什麼，但回到家以後，想趕快告訴我一些好的感想，她在紙上詳細地寫下：

「我認為基督教是使基督成為基督，佛教是使釋尊成為釋尊，也就是法(Dharma)。使基督成為基督，那是聖靈(Pneuma)。釋尊的法和基督教的聖靈，難道不是完全同質的事物嗎？我是這樣認為。您說比起佛教和基督教的教義和儀式等，更重要的是體得其根源，和我有完全相同的想法。我是這樣覺得！……」

我當時覺得女兒到那時候才了解了宗教，所以寫下這些話。一星期以後再去醫院，內人也一道去才知道了所寫的內容，就說：「爸爸呀！女兒寫得很好啊！」隨後我對內人說：「她是在說偉大的事情呀！」內人說：「一方面因為那是偉大的，所以有不可以冗長地說那樣的心情吧！然而，另一方面也是因為害羞而說不出來，不是嗎？」雖然內人這樣說，但不知道是兩者中的哪一方面，還是二方面都有呢？我覺得自己也不是很清楚，姑且為她舉辦了遺作展。這樣，我偶然看見在基督教的十字架之下畫有釋尊的佛像和現代的聖者（不知道是誰），我感到非常驚訝，我對自己不明白的地方感到抱歉。

最後，女兒畫了二張明信片。一張畫有柿子。那張柿子的畫是到目前為止她所畫的畫作中，我看到最好看的。女兒去了東京，成了所謂的前衛畫家，所以畫出我弄不懂意義的畫。我對那種所謂前衛畫家的畫，真的是看不懂。應該說是看不懂呢？還是不喜歡呢？……雖然如此，那張柿子的畫非常的好，隨後我在上面題辭：

「柿一個　火紅燃燒　夕日輝映」

另外一張畫有一株菊花。我在那張菊花的畫中題上俳句：

「氣清遠　昭和之末　菊花薰香」

雖然我寫的俳句花了一些時間才想出來，女兒說：「爸爸不懂得俳句的象徵這種意義啊！」總是把我當成傻瓜……。覺得這張畫非常好，好像她特別將菊花的畫送給東京熟識的畫家，那個人說：「清子，畫這種線條的畫，生命會更短呀！」的確說中了，女兒就是因為那種事而離開世間的。

經常到家裏附近的釋尊奉安塔去參拜，叩頭禮拜。當頭碰觸石頭的時候，突然過世的女兒，以及在她之前死去的長男，二人總是會浮現在腦海中，長男是在小學生的時候死去的，他以小學生的模樣浮現。一般來說的話，也許那就是所謂的靈界中的靈魂通信，但我絕對不作那樣想，我想是因為我經常思念著小孩，所以才浮現的。

即使說是死了，也感覺他們就在身邊啊！特別是畫畫的女兒，一直到那時候還是我不喜歡的孩子，我也不是在做無情的責罵，而是父親的話她怎麼也不聽，是想做什麼就做什麼那種個性倔強的孩子。然而女兒的死逼近了，我的心突然一百八十度地回轉。我自己心裏覺得這是不可思議的事，是什麼讓我的心做一百八十度的回轉呢？對我自身而言，這是一個非常大的課題。

就「生與死」的「與」字而論

今天的主題是「生與死」，我認為「與」這個字是非常重要的問題。在英語中是“and”，德語中為“und”，或是法文中的“et”，通常我們說到「與」字，是將並列的二個事象並列起來考慮時的用語。可是我認為這個「生與死」是一個全然不同的範疇。

實存哲學的耆宿中有海德格這個人，此人的“*Sein und Zeit*”一書通常譯為《存在與時間》。“Sein”譯作「存在」，把物表達成「這裏有桌子」、「這裏有黑板」那樣，是事象的物，所以我們認為“Sein”應譯為佛教中所說的「有」。說到時間，我想是昨日、今日、明日那樣的連續性時間，所以有人認為應該將“Zeit”譯為「時」。從理論上來說的話，我覺得與其譯為「存在與時間」，譯作「有與時」是較為真確吧！

我認為連結「生與死」的「與」字，和「有與時」情形中的「與」是相同的，並非客觀性的並列，不是並列的事物。以最後的結論來說，可以說是西田幾多郎的「絕對矛盾的自我同一」，以及鈴木大拙的「即非的邏輯」。相即而非，那就是「與」。這個「即非的邏輯」，是從《般若經》中導出的語詞，絕對不是並列的意思。相即而非，因而「生與死」就是這個即非。那是在表達主體性同一的一個事物的表和裏，不是並列。因而，如果所指的是死後舉行喪葬儀式的話，由於那是現實性的外在世界的事，所以那種場合可以是並列性的「與」，但如果看到的是主體性的「生與死」，就不是並列的。

論及生與死的時候，有一種思考方式是考慮客觀性並列的生與死。自然科學無論如何就是如此的，我長期接觸的醫學就是並列性的，只做並列性的客觀思考。科學性的死是怎麼樣呢？生是如何呢？那也是非常重要的問題。聽說昨天還是前天，有律師們聚在一起討論以腦死來判定死亡的問題。特別是腦死等的問題，我們醫院裏經常要觀察腦波，所以我知道得很清楚，腦波的波動在最後終究是會變平的，那就是腦死。呼吸停止了、心臟停了，再來是瞳孔放大了，從過去一直到現在死亡判定都是用這三項做標準，那是很粗略的，所以一般人也都知道，但這次所討論的是在那些以外加上腦死一項。因為腦死一項必須觀察腦波，也許一般人不容易了解……。即使是心電圖等也還是要觀察心電圖，所以或許也不容易了解。不管是哪一種，我們做醫生的都很容易了解。

事情有客觀和主觀，自然科學屬於客觀性的場合是很清楚的，至於說到哲學中是否也有這樣的思考方式，孔子的《論語》中就有。《論語》的〈先進篇十一〉中記載有這樣的事：孔子的弟子季路（子路）問說：「老師啊！死是什麼呢？」孔子回答是「鬼」的世界，接著又說：「未知生，焉知死？」是非常明快的回答。《論語》讀起來是很有意思的，現代的哲學中絕對不會有這樣的調子……。孔子對生與死做客觀性的凝視。我認為孔子的哲學是相當素樸的哲學。

諸位之中或許有研究儒教或儒學的人，如果有的話，我不知道會不會說儒學不是那麼簡單的……。

雖然是非常容易了解，但一般所說的不是這種客觀性的生與死，而是思考以自由和責任為樞軸的主體性生與死，或是實存性的生與死。

釋尊的涅槃

最具代表性的，怎麼說還是和我們因緣最深的釋尊。昨天我也還試著讀了改寫的《大般涅槃經》（譯者註：此處是指南傳長部中的《大般涅槃經》，相當於漢譯《長阿含・遊行經》）。裏面有相當緊迫的情節，釋尊最後在王舍城，隨後向北方行進，渡過了恆河以後，最後行向拘尸那迦羅，在拘尸那迦羅的沙羅雙樹下進入涅槃。一直到釋尊到達圓寂的狀態以前，描寫得緊湊，真的是打動人的心絃。就算讀了幾遍也還是會真正受感動。最後釋尊即將圓寂的時候，侍者阿難向釋尊詢問一些事情。阿難說了好幾次：現在進入涅槃的話，不是太早了嗎？

於是，釋尊就對阿難這樣說：

「不可悲傷，不要那樣悲傷。我從前就說過幾次，一切所愛的人、喜歡的人，都會生離、死別，而死後的境遇各自不同，我說了好幾次吧！生的、存在的、被造的事物，都是會壞滅的法，不壞滅的事物是不可得的。這樣的話我一直說到現在。」

這是釋尊最後的話。

我認為這是意義非常深遠的話。我寫下：

「生的、存在的、所造的，是壞滅法，啊！那是壞滅的事物，這樣的事物是會散壞的事物。」

客觀性的事物是會壞滅盡的。

之後，釋尊最後進入無意識之境。進入無意識之境的過程，書中也還是有描述。從初禪到第二禪，從第二禪到第三禪、四禪，順序地進入，進而在最後進入了涅槃，書中詳細地寫著。情景知道得很清楚，釋尊第一次進入無意識之境，再回來一次，回來之後又進入更深的無意識狀態，最後圓寂了。書中對這樣的事實在寫得很詳盡，真的很令人感動，書中也寫說當時所有的人都非常難過。

而且和阿難一起侍奉釋尊的阿那律，在向所有的人覆誦釋尊所說過的話語時，也說過相同的事。阿難也還反覆述說相同的話來安慰大家。釋尊圓寂進行荼毘（火葬）之後，舍利分成八份，分配給各方。那些舍利又再分骨，其中之一到了覺王山，有稱為舍利塔的塔，是供奉舍利的所在。覺王山的舍利是明治三十四年（一九五九年），基督教的學者在尼泊爾和印度境內發現，將它獻給泰國皇帝，又再分贈給日本。

善導的死生觀

接著我想說明善導大師《觀經疏》中出現的「二河白道」。在這次的演講之前我也去參訪過三河，看到了那幅畫。旅人在旅途中遭到群賊襲擊，於是想要逃離，但有火河和水河而無法向前，旅人非常害怕會死，說：

「我今迴亦死，住亦死，去亦死，一種不免死者，我寧循此道，向前而去，既有此道，必應可度。」（我現在回頭也死，站著不動也死，前進也死，如果有一種可以免除死亡的道路，我寧願依循這條向前而去，既然有了這條道路，就應該必定可以渡過。）

在陷入三定死的時候，他看見了白道。所謂的「白道」到底是什麼？有各種的想法。親鸞聖人將《觀無量壽經》含攝在《大無量壽經》的第十九願之下來說，由於《教行信證》中明確地這麼寫著，我確認書中是這麼說的……。這個「白道」，不是《大經》的第十九願，我還是把它想成是第十八願。即使是第十九願，也必然會因為三願轉入而成為第十八願，我覺得應該還是第十八願吧！書中寫說：如果行第十八願之道的話，此岸的人會說：「請向對岸去。」而對岸的人會這樣說：「旅人呀！從那岸到這岸來。」這個呼聲是彌陀的呼聲，如果一心一意地渡過去的話，到了對岸他們會說：「來得好！來得好！」所有的人都為旅人高興。

這段話意謂著什麼呢？我經常思索著自己的人生，在昨夜無法入眠而想著事情的時候，也無法想出「二河白道」這段話的意思啊！

所說的水河，就是貪欲之河。欲是很深的……。所謂的火河是嗔怒的河。我和內人一起生活了五十幾年，不管她對我怎麼照顧，還是會怒叱內人，實在是相當慚愧的事……。還有，雖然沒有動手打人的事情發生，那是因為內人高明，她會想：「啊——！超過這個程度會被打的。」在適當的地方就會收手而避免發生動手打人的事，只做到剛剛好的程度，我的性情是很火爆的。我深刻地感覺到自己的壞性子。火河、水河的譬喻對我來說，是用深刻的真實感覺來理解。它們覆蓋了白道的話，我自己用上面那樣的譬喻來思考，於是對岸的人說：「就走這樣的一條道路就可以了。」我穿越正被貪欲和嗔怒遮蔽的道路繼續前進。的的確確獲得了主體性的感覺。

白道正被水河、火河的波浪所覆蓋，三定死是無疑的，所以依循著釋尊遺留的話語和彌陀的召喚聲，一心勇往直前地向前進。應著彌陀召喚的聲音，連最初的生死之境也得以脫離。

道吾的死生觀

接著我想嘗試思考禪的立場，我以道吾（七六九～八三五）作代表來說明。道吾是禪僧，是有名的藥山禪師的弟子。有一次，和弟子漸源一起做喪葬儀式，漸源指著棺木向老師問說：「是生是死？」

質問是生是死，是客觀性的問題，是分別性的。因為弟子這樣問，道吾就回答說：「不可說生，也不可說死。」回去了以後，道吾仍然回答說：「不可說生，也不可說死。」漸源脅迫老師說：「不說是哪一邊的話，我就打！」然而，老師還是說：「不可說生，也不可說死。」於是漸源就狠狠地打了他的老師道吾，道吾幾乎要被打死了。打了老師的事，是非常難以忘卻吧！由於師兄弟石霜住在那個寺院，就試著請教他，但石霜還是這樣回答：「不可說生，也不可說死。」

這時，漸源好像忽然覺悟了。雖說好像覺悟了，其實是徹徹底底地覺悟了本來不了解的地方吧！有一次他到師兄弟石霜的寺院——即禪宗說的法堂——去，漸源持著鍬向那個法堂走去，想是要做農事吧！可是他拿著鍬來回地走著。於是師兄弟石霜問：「你在做什麼？」他回答說對以前打過老師的事感到非常懊惱，所以自己就這麼做。當時，石霜說：「先師道吾的靈骨如洪波浩渺、白浪滔天，充滿於法界，不止於一處，生死是一如的，不可說生，也不可說死。」換句話說，是述說著主體性的事，所以不是像在二元論中明確可說的客觀性的生啦！死啦！我認為是述說這樣的事。

如果沒有經過長時間的修行，或許那是不容易了解的。像在頭腦中頓時就了解了那樣……。

親鸞的生與死

說到親鸞聖人，以他的生與死為主題的論著已經相當多了。就親鸞的生與死一事而言，田代老師有一本《親鸞之生與死》，我認為是值得一讀的。

其中也有令我們感觸非常深的地方，我舉一處來說，是寫在《歎異抄》第九章中的一段。生與死的問題，死亡這件事是……讓人非常恐懼的，是述說這樣的事。然而，書中寫有令人非常恐懼的事情，如果是這樣的事的話，只有反過來：

「沒有急往之心的人，是佛特別憐憫的人。所以應知只有越是依於佛的大悲大願，往生越是決定的。」

然而，對於死亡等的事一點也不恐懼的人，難道不是正因為他們不了解真正的死亡嗎？

鈴木大拙的「即非的邏輯」正是恰當的表達。普通把它說成「詭論」，詭論是一種學說，但這不是學說，是主體性的領會。相關於《歎異抄》的著作，現在有五百種左右，光是我個人就擁有五十種到六十種，幾乎都寫為詭論。可是詭論是"paradox"的意思，落於臆說(Dokusa)

之中。柏拉圖說是依賴於感覺的低等認識，然而，親鸞所說的是最後的主體性的實存。

昨天讀了之後令我感觸很深的，就是這一件事。在親鸞聖人的著作中，從過去以來就一直讓我感動的，還有《末燈鈔》的第六通。我想大家也知道吧！真的是動人心弦的啊！裏面寫說：

「沒有一年比去年遭遇到更多老少男女許許多多的人死去，實在是令人感傷的事。然而，生死無常的道理，如來已經詳細說明過了，所以到了現在沒有什麼恐懼了。首先，對善信（指親鸞聖人）而言，我不談臨終的善惡，信心決定的人由於沒有懷疑之心，必定住於正定聚（譯者註：即往生淨土），即使是愚癡無智的人也終可順利地往生。你向眾人講的：『因如來之願而往生淨土。』和我講的一點也沒差別。幾年來，我一直這樣向眾人述說的事情，到現在都沒有改變。這絕非賣弄學問的議論，請你們成就往生淨土。我不僅確實聽到已故的法然聖人說：『淨土宗人要成為愚者而往生淨土。』而且當他看到不怎麼聰明的凡夫來訪時，就會露出『必定往生淨土』的微笑。」

在這段文中，什麼事都不知道的凡夫念著南無阿彌陀佛、南無阿彌陀佛而過世，那個人就確定會往生，因為這樣而微笑，真的是很好的啊！不是很好嗎？各位，聖人接著說：

「做學問的高明之士來訪的話，我確實聽到他說：『是否會往生淨土呢？』」

談論高明之事的人，法然上人說他死的時候會遭遇怪異的事，好講小道理的到死的時候，不是會出現奇怪的事情嗎？「像我這樣的人，是屬於那個範疇吧！」書中這樣寫著。

這是親鸞聖人八十八歲時的最後書信。一看到這裏，不知為什麼感到一種寂然。

道元的生與死

現在將目光稍微轉向日本的禪宗吧！道元禪師的著作關於生死之說也非常有趣。是否因為道元禪師屬禪宗而有不同的想法？不是這樣的。《正法眼藏》的〈現成公案〉卷裏面說到生與死，說死就是死，不是從生向著死，因為裏面引例子說不是從春到夏。不是從生向死，生是生的行為，生有頭有尾；死作為死，也有頭有尾，是「前後際斷」。我認為就時間所做的思考，是用前面提到過的海德格的時間來思考，所以變成了從生向死，但……。

然而，道元禪師的說法，我想不就是一見真宗（譯者註：疑為一向真宗之誤，一向真宗為日本淨土真宗的俗稱）的法師所說的嗎？《正法眼藏》的〈生死〉卷裏面說：

「只有將我人的身和心都放下、忘卻，投入佛家，依佛而行，遵循持守之時，也不將力，也不用心，則離生死而成佛。」

這是真宗的法師想試著說出的啊！淨土教的人也是和這一樣的！

因此，雖然我說宗教家、哲學家中也有如此思考的，但常常有這般那般的不同，我對於差別一事，不會覺得不可思議，他們並沒有將目光置於相同的地方，不是嗎？述說差別的事，不正是想要表達自己的認同(identity)嗎？因此，我想他們會述說各種不同的事。無論如何，道元禪師所說的是像上面那樣的。

基督教的生與死

我在年輕的時候，經常去拜訪牧師，率直地詢問《聖經》的內容而遭到了無情的責罵。如大家所知道的，耶穌在遭到處刑即將死去的時候，呼喊著：「耶利！耶利！列馬，沙巴庫塔尼——」(基利西亞文，Graecia) ——「神啊！神啊！為何捨棄了我？」聽說他喊著這樣的話而死。那也記載於〈馬太福音〉中，另外〈馬可福音〉中也寫著：「耶洛！耶洛！拉馬沙巴庫塔帖！」（阿拉麥語，Aramaic）乍看之下，我們會認為那是否也是基督發出的絕望聲音呢？「神啊！神啊！耶利！耶利！列馬，沙巴庫塔尼！」也有人說那是從兒時開始即唱誦著的詩篇之一節，但我不做這樣認為，寧可想成：那難道不是絕望的聲音嗎？這並不是耶蘇做了什麼惡事，或許確實是在述說著這種自己遭判罪處死而來的民眾之罪，不是嗎？換句話說，我認為那件事所顯示的死恰是「罪之死」，因為罪而消滅、死亡。眾人所犯的罪和耶穌的死同時生成，然後在耶穌復活的同時，因耶穌的愛而復活了。保羅的《羅馬書》（四・二五）中記載有：

「這耶穌曾為我們的過犯被交付，又為了使我們成義而復活。」

那是在說基督從死中復活，是為了給予我們新的生命。對保羅而言，基督的死和我們的死有密切的連結，為了使我們成義而復活，我們可以這樣來掌握。明確地將死視為罪的刑罰來把握，義(righteousness)不是在神或人之中視為固有屬性的義，是神給與人的義。將神的義和福音（耶穌基督所齎來的神的喜訊）相連結，藉由福音來救贖民眾的罪惡，並且透過復活，使我們的死被超越。我想是這樣的立場。

當代哲學家的死生觀

最後試著思考最近的哲學，西田哲學或先前提過的海德格哲學，以及雅斯培的哲學。我想如果借用釋尊的話語來說的話，他們諸位不是可以排入未來的七佛中嗎？我在一九五四年見到了雅斯培，當時他住在瑞士的巴賽爾(Basel)，剛好在他去世之前不久。我想雅斯培所說的「包括者」，應該是連神都包括進去的更深層者。還有，如前面我們所說的海德格的「有」(sein)，我想那是想表示比神還要深奧的事物。

西田幾多郎提出「絕對矛盾的自我同一」的想法，死和生是絕對矛盾，然而它們是同一的。在過世之前的〈場所的邏輯和宗教的世界觀〉一文中寫了「逆對應」，是在死前一個月左右。前者相當於鈴木大拙的「即非的邏輯」的「即」字，後者相當於「非」。而且我們只在「只因為我們是唯死，所以逆對應性地接受神」這樣而死的時候，才遭遇絕對的死。西田幾多郎說這樣的話，是引用《歎異抄》第十一章的句子：

「信由彌陀大悲大願之不思議救度，則可出離生死，念佛乃如來之計。」

我想是在述說名號即佛，因為「念佛乃如來之計」，所以我們被光明所攝受，然後才得以往生真正的淨土世界吧！

同樣的，基督教在〈若望福音〉的第一章中有這樣的句子：「聖言成了血肉，寄居在我們中間。」是出自〈若望福音〉剛開始的地方（一－一四）。

在《歎異抄》中，第十一章也是讓我覺得最難理解的一章，過去到今天的很長一段時間——從中學三年級的時候開始讀，到今天差不多有七十年了吧？關於南無阿彌陀佛的事，依然不怎麼明白。西田幾多郎用他獨特的修辭如此說：

「在場所的邏輯中，個體和一般化怎麼也是相互否定性的對立，也就是說，包括佛（耶穌的）和自己（靈知的，gnosis）怎麼也是絕對的對立。而且，我認為以場所性的自我限定來看，在我們被彌陀的光明所攝受之處，只有場所的邏輯才真正給予淨土教的世界觀一個基礎。」

西田教授在過世前二個月左右寫下的最後結論中，寫了如上的話。然而，《歎異抄》第十一章中所寫的，或是〈若望福音〉第一章中所寫的，還有我所說的，都是想要述說完全相同的事。如果閱讀西田教授的最後論文〈場所的邏輯和宗教的世界觀〉的話，會更清楚的。

根據這一點，死和生就不得不用即非的邏輯來思考，因此並立性的思考是解決不了的。自然科學是並立性的，因為自然科學探討的是客觀性的世界，所以我認為是沒有辦法的。在佛教中的話就說「念佛」，或是在基督教中就說「阿門」，我想其中包含著全部。而且由於這是思考非常深、做徹底思考的偉大人物們所說的，所以對它做一遍又一遍的反覆思惟，然後必定會體得吧！

我在這裏感到很不好意思，膽敢表現得像法然上人所警告的「賣弄學問的人」，說了一些東西方賢人的隻言片語，每一個聖人都不對生與死做二元性的思考，而是教導生死的一如，我只不過是想稍微表達這個「同一性」的意義，還請見諒！

我想今後自己想要一遍遍地思考，並且真正地在自身中體得。還有，如果有想要發問的問題就請提出。昨天田代教授也掛電話給我，我說即使死在講臺上也無憾，但到現在還沒死！能夠健健康康地是件值得珍惜的事。暫時將話在這裏打住，非常感謝大家來聽講。

6 知道癌症的權利

——從法律面來談

加藤良夫

醫師與患者的關係

今天，很高興能向大家演說。我是律師中的變種，以醫療案件作為執業的中心。比如說，因為生產時醫生不在現場而造成嬰兒腦性痲痺，或小孩子因盲腸手術而死，或發生重度的腦障礙……。我想到目前為止各位對醫療所抱持的看法，怎麼說都是正面的——苦痛的解除、協助病人等吧！我卻主要在醫療場上從事於受害者們的人權救濟。另外，有所謂日本律師公會的律師們組成的團體，對腦死和器官移植問題等種種事務進行法律面的研究。

一九七七年的十月，名古屋設立了醫療事故諮詢中心。許多醫療事故的受害者不知道有那個地方可以諮詢，所以很多人都處於忍氣吞聲的狀態。能夠踏出這樣一步，等於是設立了一個「避難所」，那個中心是得到醫師等人才的協助而設立的。設立了以後，很多人前來諮詢，於是知道了許多人對醫療問題是心懷不滿的。

大部份人諮詢的事，有著共通的地方，是什麼樣的事情呢？就是「沒有仔細診察。」「雖然告訴了自己的病況，但醫生很忙沒有聽。」還有「沒有對藥、檢查結果、病情等種種的事做說明。」有這樣種種的不滿。不管是過去還是現在，大醫院裏存在著一種並未改變的情況，如一般人所說的：「等三小時看三分鐘。」只有等待，辛苦地等待，在最重要的醫生那裏卻是交談時間非常短促，我想對這種現狀抱持不滿的人相當多。

至於今日的醫師和患者關係是處於什麼樣的狀況呢？我想從癌症的問題、得知病名的權利的問題來切入。

我想各位都曾經稱呼醫生為「お醫者さま」（譯者註：對醫師的敬稱），也聽過別人做那樣的稱呼。一個職業在前頭加上「お」，又在後面加上「さま」，試著從種種的職業來看，做這種附加的並不多。如果將律師冠上「お」和「さま」的話，就會感到有點奇怪（笑），如果稱呼「お辯護士さま」（譯者註：日本稱律師為辯護士）的話，就感覺到非常奇怪。然而，關於醫生，大家都加了「お」和「さま」來稱呼。就這樣，某個意義上是尊敬，如果是和它

相稱的人，那是很好的，但……。試著想一想，加上「お」和「さま」的，還有其他什麼呢？有稱為「お釋迦さま」的呀（笑）！畢竟去看醫生有著想什麼都治好的心情、依賴的心情，我想那不正是和釋迦佛一樣，冠上了「お」和「さま」嗎？

那麼，就某個意義來說，醫生和患者之間不是對等的，醫生處在一個較高的地位，為患者除去病痛。患者去看醫生，醫生對患者說：「給你看病吧！看好了。」「給你治療吧！治過了。」（譯者註：原日文所用語氣為一種對平輩或晚輩做什麼的語氣。）是這樣的醫生和患者關係，這種關係一直到現在都有。最近慢慢地有了改變，但即使是現在，醫生對患者說明不充分的案例總是會發生。至於為什麼會出現這樣的情況，我想這是我首先想要述說的事情。

直到今日的醫生和患者關係，總而言之是患者說哪裏痛，醫生就診察那裏，為患者除去苦痛、醫治苦痛——只是這樣而已，所以沒有特別需要做這般那般的說明。「因為我是醫生，請你照我的話做，請不要問這個問那個的問題！」不是存在著這樣的基本關係嗎？有「可以使由之，不可使知之」的成語，就和這相近。比方說，如果對醫生開的藥問說：「這是什麼？」「喝了這個不是會出疹嗎？」像這樣問這個問那個的話，醫生馬上就會很生氣地說：「如果我那麼沒信用的話，你去找別的醫生好了！」這樣的例子也多少會聽到。因為患者感覺到這種氣氛，就不對醫生詢問種種問題，因為醫生很忙，所以就有所顧慮，不弄壞醫生的情緒，希望他能替自己好好看病，我認為是由於患者這樣想，所以不敢問種種的問題，是因為這樣的狀況。

在這樣的意義下，有各式各樣的插曲，我舉二、三例來說明。

心電圖是為了做心臟機能的檢查，某個老先生接受心電圖檢查，剛在醫院做完沒多久，醫生就說：「剛才做的要再做一遍。」他問醫生為什麼，醫生回答說：「剛才做了以後，總覺得做了肩膀僵硬的治療之後，會跳動得非常快。所以再做一次。」（笑）這個老先生就脫去上衣橫躺著，裝上種種看起來像電極一樣的東西做檢查，不知道到底為了什麼目的，在做什麼檢查（笑）。總覺得醫生為他做難得的檢查，然後治療肩膀僵硬，不管怎樣好像有一點效。

就此而言，患者是一個被檢查的對象，並沒有說明為什麼所做的檢查是必要的，「請拿這張掛號單到上面寫的診療室去等，叫到名字的時候就進去。」病患接受著這樣子的醫療。

最近，還有更驚人的事情。有一位老先生在肚子上有一大塊切除的痕跡，醫生問說：「這傷口是怎麼弄的？」那個老先生回答說：「不清楚啊！我不知道啊！」（笑）總之，以前因為肚子痛去看醫生，醫生說：「這裏必須切除。」「麻煩您啦！」（笑）就這樣為他切掉了。

老先生為此暫時住院治療，以後詳細情形怎麼樣就沒有聽說了。治好了腹痛，身體康復了，不是就什麼問題都沒有了嗎？事情演變成這樣（笑）。「不至於吧？」大家或許會這樣想吧！其實這樣的事在今天的日本，還是會在某些地方發生。

再說一個例子。老先生來了，外科醫生在診所幫他診療，說：「這是膽結石，必須要切除呀！」做醫生的拼命在說明，可是那個人也不好好地聽，看著外面的窗景，露出對醫生拼命說明之事的不解神情。因為肚子痛，表現出肚子很痛的樣子，於是大致說明完了以後，醫生說要動手術的時候，老先生說：「種田是我的專門，種田的事我知道得很清楚。」——因為他是種田的。「醫療的事就完全外行了！既然來到醫院，就知道會被割掉什麼（爆笑），所以快點幫我割掉，應該不會連命都拿掉吧！」（笑）是很嚴肅的話吧！「應該不會連命都拿掉吧！」這樣的話……。醫生說：「好！好！知道了。」感受到很大的壓力。

醫療父權主義與自我決定權

實際上，這樣的性命託負，將性命託負給醫生的關係——我想在今日醫療體系中的某個角落是存在著這樣的事。「醫生守護患者」這樣的想法，就是所謂的醫療父權主義。

我們打個比方說，會場也有年齡相仿的戀人，可愛的女兒帶著男朋友回來，父親探察了職業和性格等種種以後並不接受他，對女兒說：「和這個男的結婚以後的情形是可以預見的，妳會很辛苦的。妳現在如在夢中，迷上那個男的，但那個男的有哪一點好？」「有重要的事情跟妳說！」父親要女兒去相親，說：「請妳去看一看那個人。」如此，父親對女兒的判斷能力非常不信任，因為女兒的人生經驗不夠，充滿人生經驗的父親堅決地為女兒的幸福做判斷，觀察怎麼樣的男的才和女兒相配，進而父親為女兒的幸福做擔保——這是父權（父親的權限）式的想法。

和這個相近的，在醫療世界中稱為「醫療父權主義」。並不是只有日本的醫生抱持著這種醫療父權主義，「醫療父權主義」(medical paternalism)可以說是世界共通的。醫生因為醫療父權主義而必須守護患者，患者要怎樣做才是正確的，最清楚的是身為專家的醫生——是這樣子的信念。

實際上，假如現在某個人得了胃潰瘍，近來不切除胃潰瘍而治好的例子很多。發現了好的抗潰瘍劑，胃潰瘍手術的個案減少相當多。反覆幾次的潰瘍會形成結疤化，通道會漸漸變窄而要施行手術。現在，要或不要施行手術，二方面在醫學上都是成立的，內科醫師哄著說服病人吃藥，外科醫師則一刀切掉，大致的傾向是這樣。一次切除完了的話，會非常的快活，但切除一事總是令人討厭的。吃藥有沒有辦法？也有這樣想的人吧！

當這兩方面是處於都成立的關係時，稍微為病患說明一下，「我還是不喜歡切除。」說這種話的人可以走這條路，想一刀切除乾淨的人可以走另外那條路，在兩方面都可行的情況下，還是希望醫師能對二者都說明。因為有種種的情況，這要怎麼做才好呢？和醫生討論以後來決定要怎麼做比較好，這在今後是必要的。具體地選擇醫療方法的權利，稱為「自我決定權」。換句話說，自己的事由自己來決定。

我想大家都抽過煙，「說不定會得到肺癌！」一面這樣說，一面又想著要抽煙而抽的仍大有人在，一面想著必須要戒煙，一面又抽煙的也很多。雖然知道是不好的事，即使知道酒是不好的東西，還是想喝……。在這個世界中，知道對自己健康不好的事而仍去做的，多少是有的。或是雖然心想著說不定會送命，仍然冒險踏上旅途。去攀登冬山的話，準備得再怎麼好都還是會有危險，然而，如果想在雪山美景之處觀看日出的話，正在準備著，即使終究會拼上老命也要登上冬山的人也是有的。那就是人固有的自由權。

如果就法律面來看，本來人生來就享有不受任何人拘束、束縛的自由，這被視為是固有的權利，即使是決定人生的時候也是如此吧！要和誰結婚，「喜歡這個人，所以以身相許。」能真正這樣決定的話是很好的；選擇職業的時候，譬如說麵包店老闆的兒子就必定要做麵包等等，不是這樣的，職業是自由選擇的。這時，要對適不適合自己做各種的考量，至少有著是自己決定的人生這樣的認同吧！會很辛苦也說不定，但在那個時候，了解是自己選擇的道路、是自己決定的，我認為這樣的認同非常重要。

在醫療的世界中，事情也是一樣的。自己聽到有手術的方法，但也有內科的方法，而想試試看手術，心想著還有復發的痛苦——然而，那是所謂的由自己來做決定的認同問題。如此，就人的自由權和認同問題之事做認真的思考，究極而言，這是依據各個人的個性和人格在醫療上所做的認真思考。所謂的個人的尊嚴性，追溯其根源的話，是人權思想，記載於憲法中的概念。立足於這樣的個人尊嚴性，考慮事情的時候，尊重患者自己本來擁有的自我決定權，是重要的關鍵。

知的權利

為了行使自我決定權，事前必須擁有充分的資訊。在美國有“informed, consent”這樣的話，譯為「經充分地說明後同意」。痛苦地接受種種的檢查，或是被抽血，一番折騰之後，結果資料出來了，然後進行所謂的診斷一事。聽到診斷的內容，詳細詢問有哪些種治療方法?所考慮的治療方法有哪些優點和副作用？然後才認同說：「那麼，照醫生所說那樣做吧！」我認為如此進行的醫療形態會在今後被廣泛追求。

為了讓患者依據自我認可的方向來決定事情，醫生要充分提供資訊。換句話說，這稱為患者的「知的權利」。

今天以「知道癌症的權利」為題，只想針對「知的權利」的問題。

只告知癌症的病名，是和「知道癌症的權利」這樣的理解格外不同的。醫師以專家的眼光看過病狀等種種以後，將診療的結果用一般人容易瞭解的方式來說明，然後互相討論怎麼樣治療才好，再來決定事情。也就是說，在醫療上所謂的患者，並非單純為檢查和投藥的對象，必須放置於醫療的中心點上。

一直到今天，所謂的醫師和患者關係，醫師不管如何都被置於金字塔的頂端，而且被尊稱為「お醫者さま」；在醫師之下，是護理人員們的位置；接著是患者位於最下層的地方——這樣的金字塔關係就是持續到今天的醫療關係。然而，患者想詢問種種問題是非常困難的。

不過，今後的醫療則是患者位於中心點，然後在他的周邊有醫師、有護理人員、有社工人員，也有藥劑師。也可以有氣功師，甚至到了臨終關懷等時候，也有法師在場。宗教家等各種的人員於患者和疾病搏鬥、和人生種種苦惱搏鬥的時候給予支持；進而以這個患者為中心，由各行的專家們來協助患者；進而這些專家們組成小組提供醫療——要發展成這樣。譬如說，在護理的世界中，即使說護理人員在診療輔助的部份是遵照著醫師的指示，但在療養的照顧方面，護理人員是以專家的身分和病患發生關聯的。因此，這種醫療結構發生鉅大轉變的時期，只有今天才有。

以舊有的思考方法來說的話，在醫師和患者的關係中，時時產生糾紛。介紹具體的例子：糖尿病性網膜病變——長期染患糖尿病而造成的視力障礙。為了治療這個疾病而施行手術，透過手術回復視力，略微的視力回升約三成；因手術而無法回復，反而失明的有三成；其餘四成則手術前和手術後沒有多大變化——有這樣的論文發表。某個醫生是金字塔型的醫生，他說：「我來治療，治到看得見。」說著就進行手術，結果手術後失明。如此一來，「醫生的話不是錯誤的嗎？」身為患者的會想說這樣的話吧！醫生只說好的一面，說手術後可以看見的事呀！手術前後沒有什麼改變的佔四成，患者全都聽不到這樣的話：「也許沒什麼效果。」那個醫生在法庭上說：「如果患者聽到這種話的話，不是會不接受手術嗎？」醫生說出這樣的話表示他心存悔意，我當時聽了精神為之一振。在這個案子中，醫生被判決敗訴。這個例子還成了判例。

在過去有這樣的個案。右邊的乳房是乳癌，左邊是乳腺硬化的乳腺症，同意醫師所說手術切除右乳房的話。可是手術完成後一看，兩邊都被切除——想是和醫生原先的說法不一致吧！那位女士控告醫師，說沒有聽到兩邊都切除的話。可是醫生說：「因為這邊的乳房也得了乳腺症，我認為不久或許會變成癌症，為了妳好才切除的。」雖然不知道是否是惡意，但沒有得到同意而將乳房切除在法律上是不被允許的。因而在判決時醫生敗訴。

接著講舌頭得了癌症，就是舌癌的案例。某人因為得了舌癌，醫師說要把舌頭切除。那個患者說：「我絕對不要這樣！」那個醫生大概抱著無論如何都要救他的使命感，因此說：「不是說舌頭完全切除，只是燒一下。只處理一下。」那個人回答：「如果是那樣的話，就為我進行吧！」手術進行的時候在舌頭一半的地方切掉。然而，那不是成了：「和原先的說法不一致嗎？」那個患者怒而控告。這個案子也因為沒有完全徵得患者同意而判決醫生敗訴。

思考如上有關患者的事，過於欺騙式地施行治療基本上是不行的。

關於癌症的告知

那麼，談到作為今天之主題的癌症，在今天這個集會中，如果問說：「自己得到癌症的話，想要知道嗎？」「得到癌症的話，希望直接告知我。有種種的事要好好處理，有種種的事想要做……。」雖然有很多人會如此回答，但其中也有不想知道以求平靜的人。因此，大體上一般人是想要知道的。可是在今日的醫療世界中，基本上是不讓病人知道癌症的。只是近來在早期癌症可治療的情況下有告知的情形。

為什麼不讓病人知道呢？說到這個，我們可以把它作為前面所提到之內容的延伸來理解。也就是說，守護患者的是醫生，如果無論什麼事情都告知患者，由於患者會在精神上產生動搖，不知道是幸或是不幸，因此為了顧及病人而說出假病名來施行治療，事情就變成這樣。說到醫師，大概各位都聽過這樣的話：「再怎麼有修行的人知道癌症的話，也會因精神動搖而減少壽命。」某個高僧得了癌症，他說：「由於我在心理上已完全準備好了，希望務必將實情告知。」醫生一告訴他癌症的事，那個法師卻因震驚而自殺死了。這樣一個故事，醫生們、現在這個世代的人們，都可以從老一輩的醫生們那裡聽到。

我想了解那個故事的來源，那是真實的嗎？首先，所謂「某個高僧」（笑），那樣的高僧聽到癌症卻發生急驟變化的事，那可不是高僧吧？（笑）這裡是和佛教有關係的大學，你們沒有辦法聽到醫療界的高傲感覺嗎？（笑）希望以後能聽到各位的感想……。

還有即便是有了震驚，因而變得心情激動，也就是上吊死了——這種由頭腦決定的事，也是和事實不相符。其中，知道癌症的事也是一個原因，處於極度失落感的人並不是沒有自殺的（但是因為知道癌症而自殺呢？還是屬於全體自殺情況中的自殺呢？非常難以斷定。）

然而，告知病人癌症之事的醫生是有的，那就是慶應義塾大學放射線科的近藤誠老師。聽說也告知末期的病患，他不是用「以後幾個月」這樣的說法，從統計上看，病人聽到的多半是「大概半年」這樣的話，當然有例外的情形。人的生命是不可思議的，即使告知是還有三個月的生命，也有活到好幾年的。「就是這樣的人也有，請你和他一樣堅強吧！」這種說法和「你只能活三個月，很遺憾！再見！」（笑）二者的意義全然不同。

知道癌症一事是否就是告知癌症病名？這樣的問題，必須和另外一個問題有所區分，也就是因癌症會在何時死去的問題，這一部份有兩個層面。

一般而言，知道癌症的事，也就是把癌症看成是死的宣告那樣，有接受自己的死亡宣告的感覺，這個「知道癌症」（ガンを知る）一詞是否為適切的呢？有人有這樣的看法。因而在語言上也有人使用「癌症的告知」（ガンの告知）等的措詞吧！為何告知癌症呢？說到「告知」這一個字眼，難道不是非常嚴肅的話嗎？如此，這是個非常重要的事情是無疑的，但同時也是知道一個病名的事情。

所謂不治之症，不管怎麼說都是會有的。在過去，有過結核病是不治之症的時代。當時罹患結核病的話，同樣是性命處於相當危急的狀態，所以是將結核病視為絕症的時期。病患被隔離收容，我想是分隔開來讓他們等著死亡。又肝硬化等到了末期的話，我們知道縱使並非癌症也是性命危急啊！還有難治的疾病中，有的病患從小的時候開始自己就清楚地知道只能活到二十歲左右的，卻拼命活下去的人也很多。

癌症不是只和死亡相連的疾病，得到早期胃癌的話，幾乎可以治愈。從某種意義來說，是個好消息。因此，得到癌症就變成完全黑暗的這個觀念本身，已經有所改變。然而，事實上，就癌症這個病名而言，即使說有知的權利，醫生似乎不讓病人知道。在這點上和患者的想法有所衝突，患者想知道，可是醫生不想讓他知道。至於醫生要怎麼開口呢？譬如，「肺裡長了黴菌，照一下放射線。」用這種奇怪的檢查稍微開始探究的話，病患就會問：「長了這麼討厭的東西嗎？」患者在癌症中心等等地方接受各種治療的話，由於會從其他癌症患者處獲得資訊，他們會說：「你也是癌症？」患者自己也會閱讀書籍，發現確實是和癌症相同的症狀，這是癌症不會錯……。照放射線並用抗癌劑等的話，頭髮一直掉，變得完全沒有食慾，而到了不合情理的狀況。到了那樣的情況，他會說：「到底自己得的是什麼病？」若依然處於不知道的狀態，就難以形成面對那種疾病的鬥志。

前面提到慶應大學的教授讓病人知道癌症的事，對他告知癌症的病患進行過訪談，他們說：「知道比較好。」沒有回答「不想知道」的人。因而也沒有自殺的人，他們努力地面對癌症。

關於知道癌症壽命會減短的說法是否是真實的一事，科學上也沒有明確的證據。有這樣的研究：一群病人讓他們知道癌症，一群不讓他們知道，進行癌症的治療，看看那一組比較有延長生命的效果，在我國還沒有這種研究。研究結果，對於不告知癌症的病人而言，是活得比較長。

根本上，對於患者而言，要在怎麼樣的時機，用什麼方式來告知病名呢？然後在告知了以後，患者感受到種種痛苦的時候，怎麼樣的醫療世界或社會，會對那樣的患者們伸出溫暖的手，給予精神上的支持呢？這是今日醫療上最欠缺的一點，這樣的事情能夠圓滿地處理是非常重要的，因為患者知道癌症以後會衍生種種的問題，所以醫生一直不讓他們知道。謊越撒越大，最後病人在某個時候知道了而陷入絕望的深淵或疑神疑鬼中，這樣的醫療，我不認為是具有人性的醫療。

關於癌症告知的判例

以下介紹幾個判例。在我國（日本），關於癌症的告知，特別是對於早期癌症而做的告知會怎麼樣呢？這種判決的案例很多，就我調查所及的範圍中，相關於癌症病名之告知的判例有四個。但都不是我負責的案子。

四個案例中的其中一個，是昭和五十八年（一九八三年）五月二十七日名古屋法院所判決的案子。這個患者最初接受下巴部位的癌症手術，後來癌細胞轉移到肺部。醫師告訴他：「請到癌症中心去。」於是他知道得了癌症。他的家屬主張：如果知道癌症的話，那個患者本人不是會失去力量而減短壽命嗎？也就是說，雖然不應該讓他知道癌症，醫生卻讓他知道，因而引起控告醫生的事件。對於這個案子，法院認為醫師在不是只意圖打擊患者的精神而告知病名，這種帶有惡意的告知情況下，即使對患者告知癌症，身為醫師的也是被允許的。換句話說，對於告知那個患者是好呢？還是不可以告知呢？身為醫師的擁有其裁量權。患者並未擁有可以完全不知道自己病名的情況下接受治療的法律權利，如此判決的結論就是醫師讓患者知道病名，並不必負起損害賠償責任。

縱使知道了癌症以後，患者會因而引起震撼而有種種悲觀的心理，醫師讓病患知道癌症的時候是意圖使患者受打擊，在未達到精神性傷害的範圍下，也不成立違法行為（不可行使的行為）。這個判決的內容如此。

第二個是昭和六十一年（一九八六年）八月二十九日名古屋的判決。這個案例是患者心想：「我得了癌症！得了癌症還活好幾年。」——這到底是癌症呢？還是不是癌症呢？雖然證據上並不明確，老實說，這樣相信自己得了癌症的人似乎是有的。然而，認為雖然自己明明得了癌症，但醫療機構卻一直沒有對自己告知癌症的事。因此，覺得豈有此理而控告那個醫生。就這個案子，法院的判決是這樣：主治醫師應就告知（癌症的告知）對患者病況所及的影響，以及患者的性向、精神狀況、家屬的意向等做綜合的考量之下，依專業的見解來判斷是否告知。也還是解釋成委託於主治醫師的裁量性判斷，所以不可以因為主治醫師未將實情告知患者，就說直接構成違法行為（惡事）——做如此的判決。

也就是說，是與先前所介紹的立於相反的立場。先前的例子是不想讓病患知道癌症的訴訟案件；這次是患者說應該告知而醫師沒有提及癌症的例子。法院判斷的結果全都歸屬於醫師的裁量。

第三個是更早的，發生於昭和五十六年（一九八一年）十二月二十一日，東京法院的案例。是原告母親接受腦腫瘤手術的案子。以專門術語來說，有稱為"meningioma"（腦膜瘤）的腫瘤與稱為"astrocytoma"（星形細胞瘤）的腫瘤，原告所指的問題是醫師只說較不嚴重那一種的名稱，不說惡性度較高那一種的名稱。這從醫師要不要告知病名的意義上來說的話，要如何告知也是判屬醫師的裁量權。總而言之，看了那個病患而將病情說得較輕也不會有問題，判決是立於這樣的立場。

第四個案例發生在去年，成了很大的新聞，是膽囊癌的個案。A女士生於昭和八年（一九三三年），職業是護士。昭和五十八年（一九八三年）一月間發生了腹痛，三月時醫生懷疑是膽囊癌，立刻要她住院，認為有讓她接受確認診斷之檢查的必要，雖然那個醫生做了判斷，卻向她說明是膽結石。A女士一度做了入院的預約，結果因家裡的事情等等而耽擱，並未住院。到了六月，在上班前昏倒而動了手術，但已經無法用手術根治了，在那年十二月因膽囊癌過世。結果這個案子法院也和前面所介紹的三個案例的判決一樣，判為醫師的裁量權——要不要告知委由醫師來判斷。因而判決原告家屬的請求敗訴。

然而，在這個案例中，醫師強烈懷疑是癌症，或是根本認為是癌症時，說了是膽結石的謊言。這個護士就做了判斷：如果是膽結石，即使會痛，也不會危及生命。因此發生了剝奪早期接受治療機會的負面影響。如果當時醫生告知她是癌症的話，那個患者就會產生精神上的痛苦，因而醫生不說是癌症，是有著這樣的理由。關於這個案例，因為必須對癌症做確認診斷，有做精密檢查的必要……，以上雖然是一個論點，但基本上是因為如果告知癌症的話會造成患者精神上的痛苦，醫生是考慮到患者而不說。可是這個案例在精神性痛苦以外，卻造成了剝奪治療機會的結局。

換句話說，即使姑且不說患者是否因此真能夠得救，患者本人和遺族們是否認同那已是最好的處理呢？心中有了當今醫療中能夠做的都用上了的這種想法，在家屬們接受患者的死亡時是很重要的。親愛的人死去之時，是否在自己的心中留下「完全盡了力」的印象，在往後的人生中有著深遠的影響。以上的意思是說當醫生非常懷疑是膽囊癌，或是認為是癌症的時候，做這樣判斷的醫生卻以較輕的病名和病人預約住院檢查，這是問題所在；還有一旦患者取消預約的時候，就沒有對病症進行任何治療也是問題。因此當碰到患者本人取消入院預約之狀況發生的時候，應該向家屬詢問：「到底怎麼回事？」真的通人情的話，這樣做是可能的吧！診療大量患者的醫療中心，到目前為止，或許也有無法做到通人情的難言之處，但本來的態度應該是要和患者連絡來守護患者。

由於這樣的意義，我認為這個案例對醫療界而言，有幾個應該反省之處。

關於判決的詳細內容，因為有印在發給各位的資料上，以後好好把它讀一讀是很好的，總之，法院對於醫療的事，怎麼講也是對身為專家的醫生客氣。不懂醫學、醫療的法官，客氣地寫下判決書。

如前面所說的，任何人都擁有固有的權利，人保有決定要怎麼活、開拓怎麼樣的人生的權利。A女士獲知得了癌症的時候，或許會愕然，或許會頹喪。雖然也許事情會是那樣，但她也可能會振作吧！進而，她或許會全盤接受對自己而言最有利的處理方式。以上有多種的可能性，如果從慶應大學那位教授的實際情形來看，接受調查的患者都說：「告知的話比較好。」或許他們知道了會堅強的活下去。因此，即使是因為癌症而死，患者自己也接受了最大限度的醫療。我認為如果患者認同自己的病在今日的醫療中是沒有辦法醫治的而過世，遺屬們是不會興起訴訟的，因為他們心中已有病人接受了最好的醫療的認同。欺騙患者，說不實的話等，仍然是不被人們接受的呀！

作為醫師和患者關係改善的一個問題，我認為癌的病名要不要讓患者知道是必須檢討的。最近，在日本醫師會的生命倫理懇談會上，收集了有關「告知、同意」(informed, consent)的意見。其中提出了幾個條件，在確認為條件所及的範圍內積極地進行癌症的告知。我認為癌症在原則上是應該讓患者知道的，唯有對於真正不想知道的人，硬要他知道反而是件奇怪的事，所以於住院檢查等，醫師在做重大事情之前的階段，例如寫診斷書時，先注意在格式紙上寫下詢問的項目：「你是否希望將病名真實地全部告知？是否希望詳細地說明？還是希望一切委託醫師，要能不知道就不知道，不必告知？」我的看法是對於檢查有不好的結果也想確確實實知道的人就明白地告訴他，就算是他會對這件事感到震驚，在告知了以後，大家共同來思考到底用怎麼樣的支援系統才好的問題。像這個毘訶羅(Vihāra)研究會等，的確在許多的地方包含了心理層面的問題，由大家共同思考來給予患者支持。或是有人擔任義工，就這個問題和患者一起商討來給予支持——這是本來應有的健全形態。

因為沒有對患者說出實情，患者本人想：「怎麼和醫生講的不一樣？」偷偷讀了種種的醫學書，就感覺病況「好像」癌症……。最後在孤獨的奮鬥中離開世間，對人性的尊嚴而言，這無疑是一件很不適當的事。

就這樣的意義來說，要讓他知道癌症嗎？不讓他知道嗎？患者是否有知的權利呢？比起這些問題，更重要的是要使癌症患者知道得了癌症，給予患者支持，讓他可以真正的像人一樣地完全燃燒剩餘的生命，我們要不要親自來完成這樣的醫療呢？——這是我正在思考的問題。

感謝大家的聽講，謝謝！

第二部分

學習死亡

1 探索生與死

阿爾芬斯・德根

我是剛才主持人介紹的阿爾芬斯・德根，出生時是德國人。以後曾住過法國、英國、美國等十二個國家，而成為國際人。因為打算在日本終享天年，所以心目中自認為是日本人。出生地在北德國，《格林童話・不來梅的樂隊》中著名的不來梅與奧蘭達之間。德根這個名字是奧蘭達語，也就是部長的意思。許多人經年累月努力的結果，好不容易才能當上部長，而我是幸運之星下凡，一出生就是部長（笑）。

我現在在上智大學開「人類學」及「死亡哲學」課程，學生們叫我「死亡哲學」德根。但最近好像都略稱為「私鐵德根」（譯者：日語中私鐵與死哲同音），直到這幾天，我覺得「國鐵」比較好……（笑）。

因為我曾住過許多不同的國家，有時連自己也弄不清自己是哪一國人而深感困擾。數年前在東京召開國際老年學會，聚集了來自世界各地一千兩百多位老年學學者，我以「老人與死」為題發表演說。當時，在服務臺被問及姓名、國籍，於是就順口回答：「阿爾芬斯·德根、日本」。服務員作出不可思議的表情，但仍在名牌上寫下名字和國籍。掛上名牌走著走著，每個人看一看我的臉和名牌，無不投以奇怪的表情。其中有一位美國人，把我的臉和名字比對了三次，最後還很疑惑地問我說：「打擾了！您真的是日本人嗎？」（笑）。

今天我想要以「探索生與死」為題，和大家共同來研究。首先介紹內容的十個大綱：第一、「邁向死亡準備教育的意義」；第二、「死亡的四個面——生命的量與質——關於音樂療法的功效」；第三、「邁向死亡過程的六階段」；第四、「減輕對邁向死亡的恐懼」；第五、「周全安排自己的死亡」；第六、「癌症告知與瀕死病人的溝通」；第七、「癌症是挑戰」；第八、「悲傷復健教育——對患者家屬及遺族的關照」；第九、「安寧照顧運動的現狀」；第十、「醫療從業人員的『職業倦怠』與如何增進幽默感」。

邁向死亡準備教育的意義

一般認為，日本人是最重視教育的國民。不論參加入學考試前，新進一家公司上班，都必須特別用功或接受嚴格訓練。然而面對人生最艱難痛苦的試鍊的死亡，卻沒有任何教育準備工作來應付，實在是一件不可思議的事。

在歐洲中世紀，死亡被認為是一門應該學習的藝術。也有許多以「阿列司・莫利岩地(ars moriendi)」為標題的書，這是拉丁語「死亡的藝術(the art of dying)」的意思，對當時的人來說，死亡是一種藝術(art)。若是藝術，當然值得以一輩子的時間來學習，因此入門書也就成為必備的工具了。

不管怎麼忌諱談論死亡，而努力想要設法遠避，但是遲早都必須面對親人及自身的死。所以我認為盡可能從年輕時，就接受關於死亡的教育，希望學到死亡的藝術。不要沒有任何準備就去面對死亡，希望能接受「邁向死亡準備教育(death education)」，妥善安排自己理想的死亡。

思考有關死亡的話題並非消極的行為，而是為了更充實生命的必要態度。我們對死亡越深入探討，越發現生命的尊貴、生活的喜悅及時間的寶貴。結果，我們透過死亡的探討，更能體會活在世間的可貴，以更認真的態度活過每一天。

「邁向死亡準備教育」必須在四項層級下推動。

第一、知識層級：首先，我們必須學習有關死亡的知識。就這一點而言，現在是非常幸運的，像每天以各式各樣角度出版有關死亡的書籍，就是從許多文獻中慎選好的資料。

第二、價值觀層級：對瀕死病人給予延命醫療的情形，不該只從研究技術面的問題，還必須探討如何體會人世間生命意義，亦即價值觀層級。例如：積極安樂死與消極安樂死的問題、腦死是否可用來判定死亡？另外，我認為重大器官移植，不是知識及技術的層級，而是必須掌握其正確的價值觀。

第三、感情的、情緒的層級：我想大家在進入這個會場時，也都看到寫著大大的死字，那一刻，不知道各位有什麼樣的感覺。如果這是數學、物理學的課程，你們恐怕連一點感情上的反應都沒有，光靠理性、知識便可以學習。但是，如果我們想要學習有關死亡的學問，就一定不能無視於感情的、情緒的層面。我想原因就是，諸位當中，最近如果有喪父、失去丈夫的人，或者有末期癌症住院的母親、朋友的人，馬上會想到他們，且懷著很深的感慨。總之，只是看見死字，就已引起強烈情緒的反應。

根據調查報告，美國醫生似乎比一般人懷有強烈恐懼死亡的心理。倘若醫生自己不能克服對死亡過度的恐懼，就無法為末期患者做好心理建設，或適切地回答患者提出有關死亡的問題。東京有一位朋友，在癌末期住院時，他問大夫：「醫生！我的病是癌症吧！」醫生不回答他的質問，聽說只是以「請相信現代醫學」的話來搪塞。那位朋友雖然努力地相信現代醫學，但產生對醫生的不信任感，在一週後就去世了。因為對死亡的恐懼有其積極性的角色，不能籠統地說應該消除，但我們首先必須消解無用的恐懼、克服情緒性的障礙。

接著，第四、習得技術層級：就是對末期患者所期盼各類的需求，舉辦具體回應的技術訓練(skill training)，我們要好好地了解面對死亡的患者需要什麼？期待什麼？並且能提供滿意的服務能力。「邁向死亡準備教育」這四個層級，應該是齊頭並進、平衡發展，決不只是以技術面為優先考量的事情。

死亡的四個面——生命的量與質——關於音樂療法之功效

第二個大綱是「死亡的四個面——生命的量與質——關於音樂療法的功效」。我們一談到死亡，幾乎都會想到肉體的死，但是我從四方面去體會死的概念。第一是心理的死 (psychological death)；第二是社會的死(social death)；第三是文化的死(cultural death)；接著，第四才是肉體的死(biological death)。

心理的死是患者已喪失生存的意志和歡樂，在死神造訪以前，可以說就已經陷入心理死亡的狀態。過去常說人是社會性的動物，因此如果完全與外界的社會脫節，甚至更嚴重的連他家屬也棄之不顧，將使患者被迫在孤獨中體驗到社會的死。

我在全國各地醫院講授「邁向死亡準備教育」，在那裡經常聽到患者一旦處於末期症狀，家屬漸漸就不來探望了；或得知父母親即將往生，為人子女者就不到醫院的情形。雖然大部分家屬還是會侍奉在旁直到患者去世，但上述那種情況據說已日漸增加。

為人子女者通常都以工作忙碌，或有種種的困難作為不來的理由，追根究底只是表面話，真正的原因還是對死亡強烈的恐懼心理。彷彿只要一旦坐在面臨死亡痛苦的父親旁邊，就會自然連想起不知何時自己也將發生這樣的場景？所以就不像以前那樣常去了。父母親辛苦近三十年養育兒女，最後卻必須孤零零的迎接死亡，大家應該可以想像的到這是多麼殘酷的事，躺在病床上的父親或母親，自子女不來的那一刻起，就迎接了社會的死。

第三所謂文化的死，是由於在治療至上的醫院裡缺乏文化的滋潤，患者在文化層面體會到死亡。在歐洲也有許多類似的情形，尤其日本大部分瀕死病人，通常從肉體死亡的數週或數月前，可以說其心理的、社會的、文化的層面，就已經迎接著死亡。

近年日本醫療技術進步的神速令人驚訝，尤其在與肉體死亡搏鬥，亦即肉體延命上，投入相當大的力量，因此日本人的平均壽命成了世界之最。如今日本男性比德國男性長壽，所以我才來到日本（笑）。致力於這樣的延命應該受到特別的歡迎，但是，作為當今日本末期醫療的課題，除了肉體的延命之外，心理、社會、文化生命的延長，換言之，不正是更謀求總體的延命嗎？使用各種器械，只不過是延長肉體的生命。我認為不僅要增加生命的量(長)，更必須重視生命的質，也就是 quality of life。今後末期醫療的重心，更應該將生命的量和質結合起來不斷地思考，作為改善生命品質的具體方法之一。

我想稍微介紹音樂療法(music therapy)及讀書療法。首先說明音樂療法的具體方法吧！

去年二月，我和二十五名日本醫護人員、NHK電視採訪小組一同前往美國，走訪華盛頓及紐約安寧照顧的八個地方，紐約曼哈頓的克富林安寧照顧是設在克富林綜合醫院內，他們非常積極地採用音樂療法。

這裡只要一住院，音樂療法師立刻過來詢問患者喜歡什麼音樂，然後一起邊聽悅耳的曲子邊找話題。如果有興趣的話，還會教導一些比較容易彈奏的樂器。即使在人生最後短短的四週中，還能感受到新鮮事的喜悅，這似乎帶給患者莫大的鼓舞作用。由於患者熱中於這種新的趣味，就自然會轉移意識，減輕痛苦。

接著，簡單地介紹音樂療法的八個效用吧！

第一項任務是抑制疼痛(pain control)：藉由移轉患者痛苦的注意力以緩和疼痛。困擾瀕死病人最大的問題無非就是苦痛。如果從早到晚，光想著自己的疼痛，將會越發難受。美好的音樂有益於疼痛抑制。我認為現在應該漸漸採用音樂療法或讀書療法，不僅給予技術面的治療，而且作為文化面的治療。總之，以全方位人性化的治療方式，來緩和疼痛不是最理想嗎？

第二、要緩和面臨死亡的緊張、壓力、過度的恐懼心理。

第三、懷念的旋律能喚起病人甜美的回憶，有如在灰色的鬥病生活中，點燃溫暖的燈火。一旦面臨死亡，患者的社會地位、工作、財產等所有一切將隨之消逝，在這種一連串喪失的體驗中，只有一項貴重的寶物始終不變地保存著，那就是過去美好日子的回憶。

我是上智大學管弦樂團的顧問，十幾年前，一個偶然的機會邀請名聞遐邇的指揮家卡拉揚來上智大學擔任管弦樂指揮，卡拉揚對學生的演奏非常感動，翌年便招待我們到德國。當時，管弦樂團百餘位學生於柏林愛樂家學院(Philharmony Hall)，在卡拉揚指揮之下所演奏的曲子將終生難忘吧！

像這樣，我們每個人都有自己特別感興趣的曲子，這些曲子是與自己的人生體驗緊緊地結合在一起。聽到搖籃曲，母親的臉就浮現在眼前，或是第一次約會時所流行的歌曲、自己經常以自信滿滿所唱的卡拉ＯＫ歌曲等，無論在何處聽到，往日的情景立刻清清楚楚地呈現在眼前。即使我們現在是多麼痛苦，也能藉著音樂回到已經成為自己人格一部分的過去，陶醉在回憶裡。

第四、音樂也能成為解決過去人生所存留問題的契機。因聽到某些曲子而想起過去未解決的問題，甚至有時會獲得解決的線索。

第五、透過音樂能打開彼此對話和溝通的話題。

第六、藉著音樂的弦律能恢復所失去的內在調和。

第七、因為音樂是超時空的，所以帶給我們無限性的希望。音樂不僅是追溯過去，對未來的希望，也有益於解除痛苦的想像。莫札特於三十五歲英年早逝，但在臨死前所作的曲子「安魂曲」(requiem) 中，充分發揮超現實深層的希望，以及對神的讚美、對無限生命的憧憬。

第八、撫慰遺族的悲痛，以重新振作回復生活上扮演重要的角色。

現在我把它稱為「根源的希望」，這也是恩師法國實存哲學家葛布烈爾・馬歇爾經常使用的概念，馬歇爾把日常的希望、根源的希望加以區分。所謂日常的希望，就是像「希望明天放晴」或「想要通過這次考試」，和日常生活相結合這種層次的希望。

但特別自中年期起根源的希望——即是面對未來抱持希望，深切地左右其往後的人生。基督教在信仰的基礎上，認為死後在天國能與蒙賜永恆生命的愛人相會這樣遠大的希望。淨土真宗也說，把一切託付給阿彌陀佛一心念佛，必定成佛的希望就是安心的開端。那是在天國蒙賜永恆生命的希望吧！確信能往生極樂世界吧！如果對未來能抱持著希望，那麼和未來連接的現在，無論遇到多麼嚴苛的情況，內心的平靜也就不致動搖。

關於這一點，讓我想起訪問紐約安寧照顧時所遇到的一位年輕女子——末期癌症的患者。她在一般綜合醫院時，苦惱於治療藥的副作用，據說全然失去求生的意志只想自殺，而且也被醫生認定已經沒有治癒的希望，不過聽了一些安寧照顧看護的方法，自己決定轉到安寧照顧。因此藉著細心的看護和音樂療法(music therapy)，體驗新生命品質(quality of life)，讓我印象深刻的是她敞開笑容說：「我現在最幸福了！」

我覺得日本人是音樂素養豐富的民族，透過這樣的音樂療法，即使在臨終照顧中，對瀕死病人生命品質的改善也會有很好的效果。

接下來，稍微提一下讀書療法吧！所謂讀書療法是從患者、心理醫師一起閱讀有興趣的書，相互交換心得為開始。在交流中，使心理醫師更深入了解患者所存在的問題和苦惱，並建議患者內在的自我解放。這也是最近在安寧照顧中經常被採用的方法。

在後面安寧照顧運動的現況章節時，會再詳細說明，在此先略為一提。所謂安寧照顧就是專門為瀕死病人所提供的設施。美國目前有兩千多個安寧照顧中心，英國也有一百三十幾個，在那裡從全方位來努力改善瀕死病人的生活品質。當問及安寧照顧的工作人員時，他們會說：「所謂的安寧照顧，決不是為死而設的場所，而是為了協助臨終前提高生活品質的設施。」

邁向死亡過程的六階段

大家應該都很熟悉的，邱布勒・羅絲博士(Elizabeth Kubler-Ross)是瑞士出生的精神科女醫生，現在住在美國。她是第一位以學術研究探討出人在「邁向死亡過程」中，存在有各種不同階段的學者。研究兩百名患者面臨邁向死亡過程之後，在其所著《死的瞬間》書中，舉出五階段的模型。去年二月的美國之行我也訪問了邱布勒・羅絲博士，並與她交換意見。

我在美國、歐洲、日本也注意看過上百位患者的死，所遇到患者中有許多人超越邱布勒・羅絲博士的五階段，甚至達到更進一步的階段。所以我認為在邱布勒・羅絲博士的五階段之後，還要加上「期待和希望」的階段作為第六階段。

「邁向死亡過程」的第一階段是「否認」。大部分患者知道自己已無法治癒時，總想否定它，這是自我保護本能的自然表現。去年夏天我曾在德國科隆大學附屬醫院安寧照顧病房，研究過一陣患者死亡的過程，出現與邱布勒・羅絲博士幾乎相同的結果。只要是人類，沒有日本人、德國人、美國人之分，面臨死亡的體驗是相類似的，一定會「否認」自己不得不死這樣的事實。

繼續，第二階段是「憤怒」。把為何自己現在必須死的憤怒發洩到周遭的人們，這是患者將由內心「我不想死，我想繼續活著」的殷切希望，改變方式的一種表現，這種「憤怒」階段特別強烈表現在年輕人身上。此時我們幾乎沒辦法溝通，就患者而言，提不起對他人說話的心情。

第三是「交易」階段。患者與醫生、命運或上帝交換某種期限的約定，為了能讓日漸逼近的死亡慢一天來臨，都願意拼命去嘗試。此一階段雖然短暫，但卻是進行重新認識人生與再評價的大好時期，是患者最開放、協調的時期，也漸漸能理性的溝通。

此時是整理患者存在種種未解決問題的時期，周遭的人可以提供各種方式的援助。例如勸患者寫遺書，或幫助他順利進行「人生重建與再評價(life review therapy)」。在德國也是一樣，Lebensbilanz這樣的詞句經常被採用，德語Bilanz是決算，所以有人生總決算的意思，我覺得這是非常重要的時刻。此時若不充分推行再評價(life review therapy)，就無法坦然迎接死亡。尤其是日本人一生都在接受生涯調和的教育，如果得不到精神上的協調性，似乎難以無憂無慮終其一生。

第四階段「抑鬱」的造訪。首先對因生病而失去的事物，出現悲傷的「反應抑鬱」，接著從即將失去全部的自覺，轉為「準備抑鬱」。

接下來，第五的「接受」階段。達到這個階段的患者，已經能夠平靜地接受無法避免自身死亡的命運。

我覺得在邱布勒·羅絲博士的五階段之後，應加上「期待與希望」作為第六階段。去年在紐約探望許多末期癌症的小孩，出乎意料這些孩子既平靜又開朗地準備迎接死亡。其中所持的理由之一是期待與去世的母親或爺爺、奶奶等喜歡的人見面。對相信死後永恆生命的人來說，尤其期待與所愛的人重逢，大多抱著充滿希望、開朗的態度。

當然不能說所有的患者都一定會經過這六個階段，邱布勒·羅絲博士也提到自己觀察的兩百位患者當中，有三位直到臨終還抗拒到底不肯接受自己死亡的事實。我們要詳細了解不同的患者現在是處於何種階段?適時提供看護，這點才是重要的，不是嗎?無論如何，我覺得，尊重病人邁向死亡的過程中，無法測知的痛苦，以及他積極想超越、克服此痛苦的決心。親切地提供支援，由衷激勵的態度，才是臨終關懷所需扮演的基本角色。

減輕對邁向死亡的恐懼

每個人對死亡都會抱持恐懼的心理。我覺得身為醫療從業人員，必須努力去了解自身死亡的恐懼和不安的本質。這也是邁向死亡準備教育的重大目標之一。醫生或護士一旦對死亡懷著過度的恐懼，就不能率直的和患者談論死亡，習慣傾向避開這類的話題。醫療從業人員如果對死亡極端恐懼，要談真正的溝通，簡直是緣木求魚。

基爾克高爾以下面的概念來區別恐懼(Fear)和不安(Anxiety)。首先，所謂恐懼，是有某種特定對象，例如生病或怕蛇等具體原因產生的。但不安則是不能歸因於這種特定對象，而是一種莫名其妙的心理作用。

從這個定義的角度來思考時，所謂死亡的恐懼到底是恐懼還是不安呢？（詢問在場的聽眾）……原來其兩方面皆具備，一方面有對疼痛、孤獨等具體痛苦體驗的恐懼；另一方面，弄不清楚原因而產生強烈的不安感。我們經常對不知道的事情感到不安。死亡對任何人來說都是未知的領域，所以我們會非常不安。因此所謂死亡恐懼，是由恐懼和不安交混在一起的混合體。我想藉由「邁向死亡準備教育」，盡力緩和對死亡的過度恐懼和不安。

就臨終關懷來說，我們醫療從業人員應該設法努力理解患者自己也無法表達的恐懼和不安，特別是日本的男性誰也不會說害怕死亡。就臨終關懷的技術而言，針對患者開口提出的要求，例如他覺得頭痛，就可以開頭痛的藥給他服用。但連患者都無法表達的需求，也能主動提供滿意的服務。這可以說是臨終關懷的藝術，不是嗎？

瀕死病人抱持的恐懼和不安有許多不同的類型。就某些患者而言，或許社會的苦痛比肉體上的苦痛還強烈些。例如：有許多患者因擔心自己死後太太及子女的經濟問題而苦惱。就以每年上智大學喪父的入學新生為例，經常發生當其父親自覺自身的死時，擔心無法供孩子唸完大學學費的個案。這時候如果學校能主動立刻提供獎學金的話，就完全不需要擔心了。可是學校總不能在開學典禮隔天，就寄信給全國的學生家長，內容寫說：「萬一你們發生什麼意外，敝校會提供獎學金，不用擔心」，因此徒然使一些原本可以避免的不必要苦惱發生。減輕這種過度的恐懼死亡，也是臨終關懷的重要課題之一。

我在《邁向死亡準備教育》叢書第三卷中，把「邁向死亡的恐懼和不安」分為九種型態，茲簡單的介紹如下：①苦痛的恐懼、②孤獨的恐懼、③不愉快體驗的恐懼、④成為家庭和社會負擔的恐懼、⑤無知的不安、⑥對人生的不安及有關死亡的不安、⑦缺憾人生的不安（亦即不能完成Life work就必須死亡的不安）、⑧自己消滅的不安（對人類而言，基本的生存權受威脅的恐懼）、⑨死後接受審判和罪罰的不安。大抵上這些是代表死亡恐懼的不安。

周全安排自己的死亡

第五點是「周全安排自己的死亡」。這是法國實存學者弗烈爾・馬歇爾和二十世紀德國優秀的哲學家馬丁爾・海底格共同提出的觀點。人生必須完成自己生的同時，也必須周全安排自己的死。

德語中使用兩個不同的動詞，來區別動物的死和人類的死，動物的死是vereden，而人類的死是Sterben。如果動物老了，肉體漸漸衰弱而生病，不久就死了。人類和動物不同，儘管肉體上須經歷完全一樣的衰弱過程，但精神、人格上持續成長，還可以迎接充滿人性尊嚴的死亡。

在許多不同特性的醫院裡，所遇到的瀕死病人中，雖然大多數的人不免直到臨終仍擺脫不了受痛苦的折磨掙扎，但有些人還是可以維持人的尊嚴，超凡入聖地解脫。

舉幾個實例來說吧！第一位是東京大學法學部的研究生上本修君，我認識他時，他才二十五歲。好不容易進入東大研究所，卻已是因癌症末期，生命所剩無幾的情況。我請求他說：「這麼年輕就要面對死神，很難受吧！但你現在正體驗著我們一般健康人無法預知的寶貴經驗，請將你的體驗告訴我們好嗎？」於是他非常高興接受了我在上智大學每年舉辦一次「探索生與死研討會」座談會(Panel discussion)中的代表。在八百五十位聽眾前，一面穿插著幽默，一面淡淡的談出自己嚴苛的體驗，深深感動了在場的每位聽眾。

再怎麼優秀的醫生，也不能控制死亡及肉體的衰敗。但是要如何度過最後的時光，則是患者自身可以控制的。上本君雖處於癌症末期，透過說出其寶貴的體驗，以實際的行動為人類社會做出卓越的貢獻。翌年一月十五日他便以二十六歲的英年離開了人間。上本君最後的演說收載在我編著的《學習切身死亡的經驗》中（春秋社刊）。上本君現在仍透過這本書震撼許多年輕人，改變他們的人生觀，繼續活在每個人心中。

許多面臨死亡的患者，覺得自己已經沒有用了，只會給別人添麻煩，內心極其痛苦。但我常對這樣的患者說：「這場死亡悲劇的主角是你，正在體驗著別人絕對體會不到寶貴經驗的你，最有資格教導別人面臨死亡的心境。」

還有一個例子，是擔任自由投稿記者的吾友千葉敦子小姐，已於去年因乳癌在紐約往生，享年四十六歲。三年前我在紐約從事特別研究時，經常在一起散步、用餐，當時她已知道自己的生命大致只剩下一年左右。我懇請千葉小姐若回日本，希望能在我的「死亡哲學」課程中現身說法。那一年秋天她回國依約為我講課。聚集在上智大學講堂的八百多位聽眾中，學生約六百位，其餘二百位中，許多是正在和癌症交戰的一般市民。她透過自己體驗，以明晰的語調熱情地為我們訴說關於日美醫療體制目前存在的問題，及醫生、患者之間的信賴關係的不同影響等。千葉小姐的母親也坐在講堂的最後席坐一同聆聽。

在四谷車站臨別握手時，我可以感受這是最後的一次握手。回紐約後不久我收到她的來信，信上寫著：「上智大學的講課是我的最後講演，癌症病情日益嚴重，到了無法出聲的地步。」那次的講演是她能自己說話的機會。她的遺作《好死正是好生》（文藝春秋刊）首章是最後的講演。她堅持自己的生活態度，直到死前三天，還繼續執筆投稿回日本報社。

第三個實例是住在紐約的友人母親的死，也是印象特別深刻的例子。一般說來，死亡是件悲傷的事，但是這位母親不把自己的死當作悲劇而演出一齣 Comedy ——溫馨的喜劇。

她撫育了十一位優秀的子女，九十一歲壽終於床上。因為知道最多只能維持到那天晚上左右，所以十一位子女和孫子們都聚集過來。當時她已呈昏睡狀態，長男卡利克神父說：「實在很遺憾，雖然已經不能與母親說話了，大家一起祈禱吧！」於是獻上彌撒，大家一起祈禱。彌撒結束時，母親突然張開眼睛說：「大家為我祈禱非常感謝，對了！我想喝一杯威士忌。」生命只剩下最後二個半小時的母親因為說想喝威士忌，大家都嚇了一跳，母親喝一口端來的威士忌，就說：「溫了一點，幫我加些冰塊。」孩子們急忙找來冰塊，母親說「好喝！」就一飲而盡。然後接著說：「我想抽煙。」最後長男按捺不住地說：「醫生說不可以抽煙。」母親卻回答：「死的人是我，又不是醫生。」（笑）。於是抽完煙後，向大家致謝，接著說聲：「天國再見吧！拜拜！」就躺下去再也沒有起來了。

當時沒有一個孩子感到悲傷。母親的死當然是悲傷的，但想到臨死之前還充滿幽默、快活的氣氛之後，大家都笑了。遺族皆異口同聲說「真不愧是像母親個性的死法」。這位母親生平幾乎不曾抽煙、喝酒，至於臨死前為何有這些舉動呢？也許這位母親參加過幾次朋友和親戚的葬禮，看到大家都那麼悲傷流淚。因此自己死時，不讓孩子們悲傷，而自編自導自演了這場活潑氣氛的喜劇，並將此留作自己的回憶吧！

最後，死者與活著的人一樣，我認為最重要的是臨終前對周遭人們所表示的關懷。這位母親在自己人生的最後三個小時，表現溫馨美好的幽默感。母親自己的苦痛一句也沒說，只將幽默的喜劇刻在每位遺族的心中，作為永恆的回憶。

當時，我發現幽默和死亡的密切關係，這位母親藉著幽默呈現給子孫們終生難忘寶貴的愛和關懷。結果，人間的死就像生一樣，邁向死亡的教育(death education)同時也是生活教育(life education)。以上所舉三個人，他們的年紀、環境雖然完全不同，但卻有一個共通點，那就是每個人都必須堅持以最具自己風格的態度，活到最後一口氣。

癌症告知與瀕死病人的溝通

第六點是「癌症告知與瀕死病人溝通」的問題，這個問題已成時下熱門的話題。現在我每週在全國醫院的醫師會上所作的講演，會後我針對醫生和護士調查目前癌症告知的現況。結果發現從沖繩到北海道，幾乎所有的醫院都回答不需要告知。在日本大約百分之九十五都不對患者談及癌症，尤其是瀕死的病人更是如此。

在美國對於醫生是否該讓癌症患者知道病名，舉辦過大規模的調查。一九六一年，百分之九十的醫生回答不要告知。但到了一九七七年，已有百分之九十七的醫生回答癌症需告知。這二十五年間可以說起了革命性的變化。至於提到為何有如此變化時，雖有各種說法，不過大家公認最大的原因還是在於事實真相，存在於醫生與患者、護士與患者、家屬與患者之間的溝通，日益受到社會大眾的重視。由於告知實情，會更增進患者及其家屬和醫護人員之間相互信賴的關係，共同一起和癌症對抗的基本態度與共識才得以建立。

我認為想要與人說話的主題，大致分為兩種：一是喜事，即是想要與人分享令人愉悅的事。若有稱心的事，就想立刻打電話給朋友。對方若聽了會高興的話，自己會加倍高興。另一則是痛苦、悲傷的時候，希望別人傾聽自己的苦惱。若對方聽了有同感，就能稍減心理的負擔。

我的祖國德國有句諺語說：“Geteilte Freude ist doppelte Freude, geteiltes Leid ist halbes Leid.”意思就是同享的喜悅，是雙倍的喜，共分的痛苦是半分的苦。我想將後者應用在癌症告知之後。如果接受癌症告知，患者也能無拘無束暢談的話，藉由向妻子或主治醫生傾訴自己的痛苦。即使沒有減輕一半的痛苦，至少也能減輕心理上的負擔，不是嗎？

這兩年來，我以厚生省末期醫療檢討會要員之一，對癌症告知的問題進行大規模的研究、討論。委員共十三位，主任委員是曾為前天皇陛下主持過手術的東京大學部森岡醫生。參雜在醫生和記者中，我當然是由哲學家的立場發表各種不同的意見。會中提出的最終報告書，正好刊載在今天的早報上，厚生省如今也積極地呼籲致力於癌症告知。

日本再過三年或許癌症告知將普遍為人所接受吧！其原因是因為日本人知識水平高。當面臨自己生死的情況時，會在圖書館查閱或透過所讀的書本中，得知自己的病名。因此，想要長期敷衍隱瞞病情是不可能的。

比起是否要告知病人真相，今後更重要的課題是由誰及如何做好安寧照顧？癌症告知的善後照顧，必須非常慎重行事。在歐美國家安寧照顧已經納入正式醫療體系，即使在醫院也幾乎都有牧師、神父加入照顧的行列。告知之後的善後照顧，主要由牧師或神父來擔任。這種Chaplain（伴隨在醫院的神父、牧師）的教育，真是人間的一大福祉。德國的漢尼伯大學和亥尹德魯貝魯克大學，針對擔任此工作的牧師、神父為對象，進行過臨終關懷的專業訓練。

我在德國的妹妹，數年前她先生因胃癌而去世。醫生因為了解自己無法盡到癌症告知之後的精神照顧，而向神父求援。神父向患者、家族告知癌症之後，一直到死亡的日子裏，每天都到病房安慰、鼓勵。我當時因為無法離開東京，只能以書信安慰。妹妹經常在信中提到，若不是多虧那位神父每天來慰問，她恐怕老早就崩潰了。像這樣，如何給予癌症告知後的精神支援？將是我們大家必須思考的重大課題。

癌症是挑戰

第七點「癌症是挑戰」。雖然現代醫療技術進步神速，但癌症還是一種無法解釋明白，而且令人恐懼的疾病。現今日本人罹患癌症的死亡率約百分之二十六，大約四個人就有一個人死於癌症，也就是說在座諸位當中四分之一的人應該有罹患癌症的可能。

在此我絲毫沒有美化癌症的意思，不過我還是想在癌症二字上面，加上「挑戰」的字眼。人是否會得患癌症？遠非人自己所能控制。我們唯一能做到的是在得了癌症之後，如何健全自己的心理修持和因應的方法？亦即接受此一疾病的正確態度。只要一聽到自己得了癌症，就完全失去鬥志，精神上無條件地投降呢？還是把它當成一場公平的挑戰勇敢的面對呢？看你是採取何種態度，影響此後人生甚大。

美國影星約翰．韋恩，接受癌症告知之後，熱心呼籲朋友及相識的人籌募研究癌症款項。他死後這些募來的款項被用來作為基金，在洛杉磯建造了約翰．韋恩癌症研究所，對癌症研究所作的貢獻成果非凡。如果他沒有接受癌症告知，或他自己不敢勇於面對挑戰的話，今天這個研究所恐怕就無法成立了。

我們都擁有一強大潛在的能力，但實際發揮的只是一小部份而已。我認為要激發出這沉睡著的人類潛能的具體契機，就是面對挑戰的反擊。在人生的旅途上，考驗是無可避免的。能積極的面對癌症的考驗起而應戰，唯有通過苦惱，才能在人性上獲得成長圓滿。

我經常對年輕的學生說明遺體捐贈、眼庫、捐贈腎臟的意義，並鼓勵他們登記，學生們雖有心想要馬上響應，但大都受到父母親的反對而不能如願。我自己在幾年以前登記了捐贈眼角膜和腎臟，因為我死後這雙美麗的藍眼珠，只能葬在火中，實在太可惜了。

我有這種登記捐贈念頭的契機，是大約十年前特別研修休假回故鄉西德時，仍在念小學的姪女（哥哥的女兒），由於腎臟病的緣故每週必須接受三次，每次三小時的洗腎，好像很痛苦的樣子。當時在西德捐贈腎臟的人相當少，但等待他人捐贈的病患卻很多。在得知donor（臟器提供者）的缺乏之後，回到東京，立刻向眼庫、捐贈腎臟登記捐贈，此後隨時攜帶這兩張登記卡。

我的姪女多年前幸虧能在漢尼伯大學醫學部附屬醫院，接受腎臟移植手術，如今已和健康人沒什麼兩樣，健康活潑。現在姪女的健康身體，完全是託捐贈者的福。姪女及我們家族也由衷感謝，但捐贈者自己卻沒有直接聽到感謝的聲音，因為他（她）已經遺愛人間，沒有期待任何回報。我認為利益他人的臟器捐贈，正是無償人間愛的表現。現在日本仍有許多等待腎臟移植的人，我們死後也能以身上的器官，獻給需要的人。

悲傷復健教育(grief education)——患者家屬及遺族的照顧

「悲傷復健教育(grief education)」是「邁向死亡準備教育(death education)」重要的一環。當我們面對自己死亡之前，大都體驗過親人的死。如祖父母、雙親、兄弟姐妹或子女等，這些親人死後，留在人間的家族，必定經歷一連串悲傷的過程。試想我們的人生經歷，還真是經歷一連串的喪失，從小因為畢業而告別朋友；因工作而離開故鄉。不久之後面臨失戀，到了中年發現年輕時代的夢想大多失落，無法實現。到了屆齡退休時失去工作，又令人難過。但人生旅途上，最痛苦的喪失體驗，還是配偶比自己先往生吧！根據英國的調查，五千名喪偶的男性中，其死亡率比妻子仍健在者的死亡率高出百分之四十。

隨這種喪失體驗而來的是悲傷復健工作(grief work)。原來在弗洛依德所表示的觀念是德語Trauerarbeit，悲傷復健工作的意思。這種悲傷復健工作(grief work)如果未能處理妥善，極有可能因悲傷而導致生病。因此醫療工作人員應特別加強在患者死亡之前，必須對其家族進行悲傷復健教育；甚至即使在患者亡故之後給予遺族援助。這是即使從預防醫學的角度來看，也是極其重要的。

根據和許多歐美及日本喪失親人體驗者的心理諮商懇談，將悲傷復健過程分為十二個階段，現在由於時間的關係，僅舉其項目簡單的說明。想要進一步瞭解的人，請參考我和曾野綾子編輯的《生死探索》（春秋社刊），或曾野綾子與我來往書信的《旅行之晨》（角川書店刊）。

第一、「精神打擊與麻痺狀態」。第二、「否認」——不想承認所愛親人的死。第三、「恐慌」。第四、「憤怒與怪罪」——這種情形是對醫院或醫生的憤怒；對交通事故肇事者等的憤怒。第五、「敵意與怨恨（ressentiment）」這也有對亡者的怨恨。例如對喝酒開車而造成事故的亡夫，其遺孀將會經常抱怨他為何做出如此愚蠢的事。第六、「罪惡感」，責備對方會產生前項的生氣及怨恨，但如果責備自己，則會造成罪惡感。第七、「空想、幻想」，在空想中，似乎深信亡者還健在，也就是在現實生活中，欺騙自己對方仍活著的行為狀態。第八、「孤獨感與抑鬱」。第九、精神混亂與Apathy（無關心），喪失處理能力的無關心狀態。第十、「放棄——接受」。第十一、新希望——「幽默與歡笑之重現」。第十二、「恢復之階段——新身份的誕生。」

當然並非每個人都照此順序產生心理上的變化，但大概都經過類似的過程，需要一年左右才會恢復正常。能積極克服這種悲傷復健過程的人，也會完成更成熟的人性成長，更能深切體會眾生的痛苦，進而積極面對自己未來的人生。

安寧照顧運動的現狀

安寧照顧與醫院之差異何在?首先醫院必須是以治療患者為中心，住院是為了治療，醫護人員竭盡所能治療疾病。然而住院病患當中，有些人儘管醫生或護士再怎麼努力，都已病入膏肓無法挽救。人類的力量有限，沒有治癒希望的患者在醫院常體會到強烈的疏離感。

另一方面，安寧照顧是為不治之症的患者而設立的。既然已經知道無法治癒，所以才更需要慇懃的照顧。世界上每個人總有一天都要面臨死亡，安寧照顧決不是為等待死亡的場所，而是為了走完最後的人生，以全心的看護、體貼的關懷，提供患者休憩的場所。

仍可治癒的患者與不能治療的患者，其需求完全不同。對已無法治療的患者而言，溫馨的家庭氣氛及緩和疼痛的方法，比豪華的醫療設備還要重要，使人到臨終仍能夠維持完整的人性尊嚴的全方位照顧，比什麼都還值得高興。

昨天在厚生省發表有關末期醫療的最終報告書中，安寧照顧的具體作法也受到相當的重視。到目前為止，在日本地區有安寧照顧的只有三個地方，而新潟縣長岡市佛教安寧照顧——毘訶羅仍在建設中。東京武藏小金井市策略推動的櫻汀醫院裏，也設置了安寧照顧病房。這些是被合併設立於綜合醫院內，儘管安寧照顧的設施未立刻被建立起來，但考慮在醫院的終極照顧情形，應該有必要從更富人性的、以看護準備為目的的安寧照顧著手，不是嗎？

醫療從業人員的「職業倦怠」與如何增進幽默感

最後一點，就「醫療從業人員的『職業倦怠』與如何增進幽默感」共同來一探究竟吧！

時下醫療從業人員之「職業倦怠(burnout syndrome)」正引人注目，所謂「職業倦怠」，是情緒壓力的累積，感情上精疲力竭的狀態。特別在從事安寧照顧的醫生及護士身上，這種崩潰是相當嚴重的問題。為了避免問題的發生，也同時維護醫療從業人員的健康，我想奉勸這些從業人員多培養自己的幽默感。我認為所謂幽默，似乎是人類生活中不可或缺的條件。

第一、說明幽默的概念。幽默一詞源自拉丁語humorous的醫學用語，是人體中的液體，亦即體液的意思。中世紀歐洲醫學者，甚至認為沒有humorous人類就無法生存。

第二、幽默與健康。為了健康的身體，幽默是非常重要的。我在撰寫《第三人生》（南窗社刊）以前，就以各國老人的家庭為研究對象，發現健康長壽的老人，都伴隨著豐富的幽默感。我認為能夠客觀地看見自己的微笑，就能緩和壓力，經常保持蓬勃年輕的朝氣。

我在上智大學每年都教新入學生，凡是這一年來上我的課期間，不管我說什麼，從來不曾看到以笑容回應的學生，我都造了名冊。這不是黑名單，而是為了我的研究。記載在名冊裡的學生，每年都有人生病。去年有一人自殺未遂，有好幾位同學退學，這似乎明白顯示過度認真的人容易生病。

家庭暴力、校園裡欺侮事件頻頻發生的原因之一，我認為是社會全體過於認真的緊張氣氛所造成的，不是嗎？我曾在電視上或投稿報社大聲疾呼，在家庭、學校中幽默感是必要的。

沒想到一刊出來，竟然有中學的校長們邀請我在教科書中寫一篇文章。我也曾經想過外國人怎麼有可能在日本國語教科書中寫文章，簡直是開玩笑。姑且一試，還是寫了〈增進幽默感〉一文，現在刊載在光村圖書中學二年級的國語教科書中。

寫這篇文章時，必須得到文部省的認同。文部省非常謹慎的分析了我的幽默（笑）。據說有八十位國語老師審查過這篇文章，大家都給予很高的評價。但問題是最後一頁執筆者的介紹，我寫著「阿爾芬斯・德根，上智大學教授」，聽說文部省擔心讀了這篇文章的中學生都想進上智大學。為了安全考量，文部省去掉了上智大學教授字樣。現在寫著：「阿爾芬斯・德根，出生於德國，現在定居日本」，這樣似乎才得到文部省的滿意。

第三、想要提出來的是幽默與愛。幽默決不是沒有風度的玩笑，而是內心愛的表現。我認為對別人的關懷，才是幽默的起點。我們透過幽默和微笑，就能創造如別人所期待的少壓力、溫馨的環境。

譬如在工作場所，只要一有人發怒，氣氛就變得緊張。笑和生氣是不可能同時並存的，不信的話試試看。不可能吧！德根也不會（笑）。因此，我們透過幽默和微笑，就能對周遭的人表示愛與關懷。

玩笑和幽默必須明確的區別開來。玩笑是巧妙使用言語的方法，或是掌握說話的時機，全是依靠頭腦；幽默則是真心的表現，從心與心相互接觸而產生。緊張的氣氛由於一句玩笑而似乎變得輕鬆和緩，是玩笑加上溫馨的幽默。但決不盡然如此，對不相關的人過份玩笑，必定會傷害到對方。因此，如果把玩笑和幽默畫為等號，那就大錯特錯了。

第四是藉由幽默與微笑的溝通。例如我一正言厲色，就宛如冰冷的牆壁，完全無法與人溝通。然而適時的眉開眼笑，將彼此氣氛融洽，笑容立刻拉近人與人之間的距離。

在擁擠的電車中，和一大群人再怎麼摩肩接踵，也不可能產生溝通。但是在說書場所聽單口相聲一同歡笑時，馬上就能與陌生人變得親近，體驗同一感受，是幽默和微笑把人類彼此間溫暖的融合在一起。

幽默在任何的場所，順利地打開我們的人際關係，同時也充滿著無限的關懷。有時候自己儘管語言上無法溝通，但藉由真誠的笑容，也能達到無言的交流。諸位當中我想有許多是從事護理工作者，當早上起床照鏡子時，先請你對著自己微笑一番，就以此微笑親切的面對每一個人。

我經常有這樣的經驗，當每到地方醫師會上演講時，在演講會的前一天晚上通常會舉辦聯誼會，我會提早到達並參加聯誼會。那個時候大家都還不認得我，當我踏進會場時，在入口附近的醫生就以一副慌亂的表情自言自語：「啊！外國人應該要說英語！」這是「請勿接近，我的英文不行」的無言傳達，要接近是很困難的。但是這時候，只要微微對我一笑，也就代表「請進」的歡迎之意了。

小時候聽說人類是唯一會笑的生物，於是立刻著手進行一項實驗。當時我養了十二隻貓，夏目漱石著有《吾輩是貓》，我則是「吾輩喜歡貓」（笑）。我把十二隻並排在一起，竭盡所能扮各種鬼臉，想要逗貓露出笑容，卻始終沒有一隻會笑的貓。因為一心一意希望貓會笑，所以非常失望，但此時使我再次感到只有人類才會微笑的珍貴。

最後是幽默與失敗。很多人誤以為幽默感是天生的才能，但真正的幽默，是透過反覆的失敗產生的。我的祖國有句諺語：“Humor ist, wenn man trotzdem lacht.”（所謂幽默是盡量笑），這意思是說「雖然現在我很痛苦，管他去的，展現笑容，表現對他人的關懷」，我認為這是最真誠的幽默。

我發現幽默的重要是在自己最困苦的時期，那是來日本的最初兩年間。我來日本以前日語只會「莎約娜拉」和「富士山」，當被指正富士山的發音錯誤時（我把富士山的山念成「ヤマ」），才發現原來自己過去日語知識的百分之五十都是錯的，真叫人灰心喪氣。當時，最令我難堪的是竟然沒有一位能溝通的日本人。幸好在那時候被招待到一個親切的日本家庭，這個家族成員英文懂一點，德語則全然不知。我非常擔心，就向美國友人請教，他教了我三招錦囊妙計：「別擔心，只要記住三個原則就沒問題了，第一請保持微笑；第二有時候點點頭；第三偶而說『是呀！您說的對』」。

就這樣受到那個家庭的款待時，頻頻微笑，一會兒點點頭，一會兒一句「是呀！您說的對」時，女主人以為我都非常瞭解而感到高興。實際上，我是一竅不通。進行的似乎蠻順利，但飯後麻煩就大了。最後女主人說「粗茶淡飯不成敬意」時，我打從心裡微笑，頻頻的點頭，說「是呀！您說的對」。當時候女主人臉色大變，別提有多難看了。回來後我馬上翻閱字典，弄清楚「粗茶淡飯不成敬意」的意思，對自己竟做出如此掃興的事，覺得非常懊惱，但突然間好像有所頓悟。

我了解再怎麼努力還是不能完全精通日語，因此如果每次講日語對自己生氣的話，壓力累積或許馬上就會罹患癌症。於是發現到必須學習嘲笑自己失敗和愚蠢的能力。對於人生經常會面臨的失敗，由這種慘痛的經驗教導我，人要懂得自我解嘲的幽默感。

在上智大學目前約有一百二十位外國老師，因日語而出糗者不只我一個。外國同事的幽默與嘲諷的情況，大致上因奇怪的日語而不同。有位著名的老師，搭乘公車時，對司機說：「到四谷請讓我下車」，卻說成：「請殺了我（才發成了コ）」。幸虧司機沒有照他的話做，所以現在仍健在。

又有一回，大使館的友人很努力的背誦字典上所學到的新單字。於是就到商店買東西，聽說一進店裡，把「我要買保溫瓶」說成「我要買寡婦（保溫瓶說成未亡人『マ→ミ』）。」

最近與剛自德國來的友人散步時，發現在水果店前擺著看來很好吃的蘋果。因為他一直盯著看，所以當店家問：「如何？要不要來一些？」時，那位仁兄卻把人家聽成「你好嗎？」而回答：「嗯！我很好」（笑）。

還有，最近在千葉醫院演講後，和院長餐敘時，他告訴我一個笑話。有一位從印度來研修的年輕醫生，日語幾乎是一竅不通。唯一學到的就是日本人開始做某事前都會說一句「いただきます」，意思是「我先吃了」。前幾天正好有個小手術，院長把手術刀遞給他，聽說在接到手術刀的那位醫生很有禮貌的說：「いただきます」，大家都捧腹大笑，說「這下慘了！」

世上每個人都有萬不得已的錯誤與失敗。為了維護自身的健康，建立良好的人際關係，最重要的是將那種苦的經驗和周圍的人一起一笑置之，學習自我解嘲的幽默感，不是嗎？

由於時間的關係，今天與大家共同探索了「生與死」。既已享受了人類之生，也對於總有一天必定造訪的死亡，探討「如何充實地活在今天？」「在臨終前如何度過有意義的人生？」因此，我所提倡的「邁向死亡準備教育」，確信它是探討充份發揮人生意義的一種教育。

今天非常感謝各位的聆聽！

2 超脫死亡的念佛者

田代俊孝

佛教對死亡的看法

今天的主題是「超脫死亡的念佛者」，我想藉此一線索探討佛教對死亡的看法。

首先我想就佛教的基本立場來說，佛教的起源是從所謂的四門出遊開始。亦即喬達摩悉達多太子，有一天自東門出遊遇見老人，於是不斷地想為何人會老？第二次從南門出遊，這次遇到了病人，開始思考為何人會生病？第三次從西門出遊，結果遇到出殯的隊伍，想到為何人會死？如此，再加上人生的苦，就形成所謂的「生老病死」。如何超脫人類的生老病死？喬達摩悉達多以此為課題，終於覺悟而成為佛陀釋尊——「佛陀」這個名詞是梵語，覺者（覺悟者）的意思。至於覺悟何事？就是覺悟象徵人類生老病死的苦惱，這種情形在佛教稱為「解脫」。

提起宗教，或許有人會認為是一種狂熱的行為，但那不能稱為宗教。至少大多數的宗教並非是謀求自己的現世利益、或執著於某種事物、或某種狂熱的行為。此現象並非信仰堅定，只是強烈慾望作祟罷了。因為就字面的意義，所謂「解脫」，是指漸漸脫離解放，絕非執著狂熱，反而是從這種思想的禁錮中解放，然後屹立於寬廣的世界——這才是佛教等普遍宗教的宗旨。

無常・無我・涅槃

佛陀釋尊想要為眾生宣說其覺悟的內容，亦即當初曾是皇太子的自己出城後，與五位同修——佛陀最早的弟子，對他們宣說所謂的初轉法輪。釋尊最初認為證悟的內容，實在無法用語言表達，不過最後還是勉而為之地為他們說法，也就是最初的說法。但也因此佛陀釋尊在初轉法輪中，提出所謂三法印的三個標幟——「諸行無常」、「諸法無我」、「涅槃寂靜」。

「諸行無常」，是所有一切皆無常。無常就是沒有常住不變的意思。在我們腦子裡認為是常，有一首歌詠夏蟬的歌：

一點也看不出擔心明日死亡的蟬之聲。

——蟬是短暫生命的代表，於盛夏長鳴的蟬，有誰能想像牠明日即將死亡?誰也沒有把握能有明天。還有流傳下來親鸞聖人出家時讀誦的一首歌：

心中期盼明天朝陽的盛開櫻花，說不定半夜就被狂風暴雨摧殘得無影無蹤。

——認為有明天，但夜裡可能刮起暴風雨，將櫻花打落滿地。櫻花用來比喻親鸞（當時的若松丸）自己的生命。

我們認為有明天而且「生命」是「常」，然而事實上，不是常；在腦子裡我們認為生命是永遠的、不死的、不會老的，然而頭髮漸漸白了，皺紋也出現了。我們的頭腦總以為自己可以永遠年輕，但實際上我們的身體是漸漸走向死亡的身體；從出生人世的那一剎那，就必定通往死亡。就是這種觀念想法與事實差距所造成的苦惱——以為不死，卻無法抵擋身體的死；以為不會生病，卻病了——這就是無常，亦即沒有常住不變的意思。

因此認識這個必死無疑的臭皮囊，反而更能安心。過去因為以為不死，所以才會產生苦惱；若知道會死反而鎮定下來；若真正了解自己是肉身，因此一定會生病的話，就能坦然接受生病的事實。因為不了解事實，所以在不想生病的觀念中苦於各種病痛，老、死的問題也是如此。

不是常，而是諸行無常——這是佛教的出發點。釋尊所證悟的，並不是激起什麼奇蹟，或找到能使人長生不老的藥物、技術的方法，而是打破被自我束縛的思想，以現代的用語，可以說是價值觀的轉換。藉由價值觀的轉換安住於不變的事實，或積極接受這種轉換。所以佛教的覺悟——所謂覺悟是無法用語言文字表達的，因為刻意企圖以語言文字表示，將無法展現其真正的內涵。這種外在的、被束縛的思想藉由自我的超越加以突破，亦即是思想的轉變。因而能安住於事實，接受病苦、接受死亡這些身體的變化的事實。

然而我們再怎麼看得開，終究還是不想死、不想變老、不想生病。儘管如此，還是走向死亡、年老、病痛。於是在茫茫然的情況下，不願面對事實，一味的向外追逐，追求奇蹟出現、長生不老、息災延命的現世利益。自己既然陷於執迷之中，怎麼可能看清自己的執迷呢？怎麼知道自己錯誤的答案是錯誤的呢？正因此在日本存在許多這類自己號稱宗教的團體。

近來因昭和大佛熱潮，到處大佛林立，有許多大佛似乎比奈良大佛還大。到溫泉地遊玩，幾乎都可以見到，一下火車車站，就可以看見高聳矗立的大佛。把疑難雜症丟給神佛，拜的其實是自己內心慾望。自己的想法根本沒有去追究，拜之前和拜之後絲毫不改變內心的想法。聽說還有些寺廟設計得讓遊客逛一圈之後，以伍圓硬幣投入香油錢機，不一會兒工夫，伍仟圓就投完了。為免上當，大家還是三思而行。

其次，「諸法無我」即是遠離執著的意思。招來執著的人就是「我」，我們常把流動變化的「東西」或「想法」執著為自己的，因而造出苦的世界。所謂一切無我，是指舉凡可以想成是「我」或「我的」的東西都是虛假不實的。覺悟一切都應將「我」置之度外，而隨因緣不斷變遷而已。與之相對的，就是現在的我們，認為一切都是自己的東西。生命是自己的，任何一切都是自己的。一萬圓鈔票放入錢包，就認為這一萬圓是自己的，所以減少了就痛苦。若人生有八十年，就認為八十歲的平均壽命是自己的，然而那純粹只是統計學上的說法。因此對我而言，雖說人生有八十年，但八十這個數字與我無關。也與大家無關，只是碰巧出現在統計上而已。而我今年三十六歲，若我現在死去的話，恐怕許多人會說：「還有四十四年，真是英年早逝呀！」「可惜啊！為何這麼不幸？」這些都是無關的話。

實際上，這是因為執著於一個觀念，就是把八十歲之前的生命當做是自己的，因此當然會有死亡的痛苦。

總而言之，諸法無我——就是要遠離執著，這並不意味對任何事物都抱持「捨棄吧」的態度。正如我經常說的，即使是世界最富有的人，也會因金錢而苦惱。

我有個曾經好心教我出版秘訣，擔任出版界主編的朋友。我自己曾於生活拮据時，在出版社打過工。這位仁兄有一天突然辭去當時四十萬圓月薪的主編工作，然後跑到富山縣山中燒煤炭，過著與世無爭的逍遙生活，不再受金錢束縛。雖然有妻子及子女三人，卻突然「對智性的文字遊戲已經厭煩」，遠離執著隱居山林。這位仁兄前些日子還告訴我：「我還是禁不起別人苦勸，勉為其難地出書。」最近送給我這本書。

再怎麼貧窮的人，一旦已從金錢束縛解脫，就不再為錢所苦了；然而即使是世界上最富有的人，只要仍執著於金錢，就會愈來愈以「這些錢會不會減少？」「難道不能再增加嗎？」「要怎麼享用它？」「要把它丟到小樹叢中嗎？」（笑）……其實並非金錢造成痛苦，而是受到對金錢觀念的束縛。當我們把自己的行李放置在電車棚架上，就不敢去洗手間。並不是受到行李的束縛，而是受到對行李觀念的束縛。因為如果是別人的行李，就能放心隨時去洗手間。就這樣，被執著於物質的心纏住，被看不見的線綑綁著，要脫離這綑綁，就是要有無我的智慧。

人只要被「命」這種觀念束縛，就算能活到一百五十歲、二百歲，最後還是要說「我不想死！我討厭死」而死去。倘若能拋開這種執著，即使以三十六歲的英年去世，說不定反而能安心滿意地離開人間。我這麼說是否意味就要往生了，我想大家都很感興趣吧！（笑）……，只有天才曉得。釋尊就是教我這樣的道理。

「涅槃寂靜」——從被束縛的世界來看，解放的世界，亦即寬廣的世界，稱為涅槃寂靜。「涅槃」是覺悟的意思。但從另一角度應該也可以說成「宇宙」。還可以說是自我以前的世界、超越自我的世界。

請各位想一想，現在此刻我們在過著每個人自己不同的壽命，如果活到三十六歲就認為三十六歲是自己的命。其實從我們出生的一剎那起，我的生命並非我所擁有。而是到了大約三、四歲的年紀，自我意識開始萌芽的時候，才漸漸產生這條生命是屬於自己的命，開始把生命視為所有格、是自己的財產。但我覺得任何人都無法以自己的意志出生下來吧！如果有人口中唸著「我要出生了」，我倒想見一見……。我想不會有那樣的人吧！因此如果能見到出生以前的事，就能從我以前的地方活過來。而且死亡這種事情，也不可能說以自己的自我，或憑自己的意志而死。或許有人認為不是有自殺的情形嗎？但是即使說自殺，也是因為有許多造成自殺的周遭因素、因緣所致；或是存在某種原因，使自己起了自殺的念頭。而這些狀況或原因，都不是你能隨心所欲、控制自主的。因此即使說自殺仍不夠資格說是自我的主宰。

總之，不論生或死，都是指回到自我以前的境界。

自己的生命是不能隨心所欲，是不能如意的。超越自我思想的世界就是涅槃。因此那是你生來的起源，要歸還的世界。若要以實體來瞭解，實在有點強人所難。若要以實相去瞭解生命，那麼就會像世俗流行的，前世的你是做什麼的?就像死亡之後，仍以某種似乎還繼續活著的形相存在。也就是所謂死後的世界、靈異的世界，這些都不存在的。其實此刻我們都一直活在一個巨大的真理之中，被它所包圍而不自知，這就是大宇宙。我們就是因機緣偶然地在自己的自我世界中，使勁地掙脫而自陷苦境。

就我經常舉的一個例子來說明——請想一想落花生(Peanut)。花生仁包夾在如橢圓球的殼中，在殼中自言自語：「這個世界真暗。」這就是在自己的小世界中，企圖用力掙脫困境。然而落花生自己明明是處於寬廣的世界，卻把自己關在一個自己製造的黑暗世界，也就是花生殼之中。藉著真理、真相的發揮作用，才能脫困，從其中回歸寬廣的世界。因此，所謂黑暗的世界，就是憑個人力量用力想掙脫的世界；是心中執著自我生命用力掙脫的世界。從這個黑暗的世界，回歸到真理真相的世界、宇宙的世界。

以佛教的立場，死亡就像親鸞上人所說：「回歸法性的京城」或「回歸涅槃」。雖說「回歸法性的京城」、「回歸涅槃」，但那並非實體的世界。如果把它當作是實體世界，那是很奇怪的。

上回在伊神老師的時間裡，稍為談到的話題，死後的靈魂之類的事卻成了一個課題，亦即死後的世界。記得我曾經讀邱布勒・羅絲這些人的書籍，內容詳述了死之後的世界。然而，不管邱布勒・羅絲再怎麼保證死後世界的存在，難道大家就會相信嗎？當然不會。原因是我們還活的好好的，未曾經歷死亡的世界。明明自己還活著，未曾經歷過死亡。人家再怎麼形容，到底是不是真的？還是覺得很懷疑。不管對方怎麼大力宣揚，這可不是你想相信就能相信，自己承認有就是真的，因此根本沒有思考的必要。遇到這種情況，都會議論紛紛，靈魂便成了爭論的焦點。

即使說有靈魂啦！有死後世界啦！這樣想的話，早一代的人會說：「愈想你就愈糊塗啦！」「一定找不到答案的！」把這樣的世界稱為「迷界」或「入迷宮」，叫你不必探討。其原因是像剛才所說，如果遠離生命的執著，不管長也好、短也好，本來該怎樣就怎樣。因為只要充實生命的每一刻，就算只有三十六年，也必須善盡生命中的每一分每一秒。如果把生命當作自己的東西，還擔心死後的世界或什麼，生命就不屬於自己。是別人給的，必須歸還賦予它的世界。但我們應該回歸法性的京城——這樣想的話，生命長也好、短也好，不必去研究，下面我會以實例來說明。

總而言之，佛教就是根據所謂的三法印，也就是釋尊開示三大真理初轉法輪而創立的，其中死亡一事成為佛教的重大課題。

兩種生死觀

接下來我想探討「佛教如何看待生死及死亡」，這個問題大致上分為兩種。早期所分類的經典有《勝鬘經》這樣的經典，由於聖德太子寫過《勝鬘經義疏》，這部經我想大家應該不會陌生，其中有這樣的一段話：

> 死有兩種，何者為死？曰分段死、變易死。

以後佛教就從這裡一直開展下來，然而在佛教各宗派中提出有關的死，大致上分為兩種。《成唯識論》、及其他各學派也是以這兩種為基礎。

所謂分段生死是把生與死分段，以長短的觀念談死。《成唯識論》中說：

一是分段生死，謂諸有漏善不善業，由煩惱障緣助勢力，所感三界粗異熟果，身命短長隨因緣力有定齊限，故名分段。

——身命的短長（命之長短），以長短計所謂命的世界；站在以長短價值觀考量的立場，即分段生死的說法。而且這是限於以生為始，以死為終所見到的情形。

還有一種所謂不思議變易生死：

由悲願力改轉身命無定齊限，故名變易。

文字雖些許難懂，但藉由悲願力，即如來之力改轉（轉變）身體與生命，因無固定齊限故曰無限。從梵文去查不思議這個詞，是指回向、被賦予的意思。也就是賦予永遠不變的變易生命之見解。

關於這個問題，中國隋代嘉祥寺吉藏大師，在其所著《勝鬘寶窟》中說：

言變易者，無復形色區別、壽期長短。但以心神念念相傳，前變後易也。

不是形色上的差別，也不是壽期（壽命）之長短。而是採取內心自在、前變後易，亦即變易、不變一直持續下去這樣的理解方式。

談到這裡，讓我想起一首歌，這是大家在年輕時候（當然現在也很年輕），大島道子《青春日記》改編電影「愛與死焦點」的插曲。大島臉部罹患腫瘤，二十一歲就離開人間，在日記中寫著：「我二十一歲的生涯，決不是不幸的人生，只是運氣不好而已」，寫完就去世了。當時她還留下一句話：

人生非因長而尊，係因深而尊。

──所謂「人生因長而……」就是分段生死。是以生命的長短這種價值觀來衡量人生的，然而她認為不應以長短來論生命。她用了「深」的字眼；也可說成「質」，以這樣的字眼來表現超越那種觀念。

如前面所說，人的平均壽命八十歲。若能活到八十、九十歲，長壽固然是值得慶幸的。但這個人是否真的過著充實的生活，就另當別論了。大島道子雖然只有二十一歲，卻度過了充實的一生，所以當然是圓滿的人生，長短何足以論斷。能超越時空的長短，當然就是無限的世界。大島道子小姐就是因為領悟到無限的世界，才能如此平靜安詳。

超越長短的世界，那是無限的世界。佛教把它稱為「無生之生」，或在經典中，轉釋涅槃為「涅槃又名無生，無生即涅槃」。甚至也有無量壽的說法。這種寬廣的世界而言，若要形容描述它，就是無量壽；就是無限或是宇宙的。超越「長短」的價值觀為「深、質」，當下就產生了真理。佛教裡存在「一即一切」、「一切即一」，這種用西洋理論無法說明解釋的觀念。瞬間就是無限的意思，或者將無限凝縮於瞬間。就此而言，所謂不思議變易生死，正是超越這種生命長短的價值觀。

這種用語在佛教的領域中經常出現，如「不生不滅」或「不生不死」就是。例如親鸞等在《教行信證》中提到「長生不老之秘方」之類的話。從佛教獲得信心、覺悟解脫之道理，佛教就是長生不死的秘方。所謂長生不死的秘方，並不是教你什麼不老長壽術。只要一提到「神」的用語，就有人會立刻想到神道。但這句話並不是日本神道的用語，而是佛教經典中出現的字。日本自古把神念成「カミ」，卻沒有「神」這個字。「神」這個字是從中國傳來的，它的意思是「超越想像」，因此用這個來表達超越想像的佛陀神奇作用。在日本當表示神道的「カミ」時，就以這字來代表「カミ」。不久後，又被基督教借用去尊稱他們的「カミ」；

佛教將佛的智慧稱為「神光」，非指神明的法力，而是在教示眾生超越長生不死觀念的方法，所以才以這種佛陀最高智慧狀態的意義，宣說「長生不死的神秘方法」。

臨終來迎

於是以此種立場談論生死大事，首先在佛教中興起，並且從各種不同的角度發展起來。任何宗派佛教，最後終極的課題就是在這點上如何來宣說死亡的意義，其中特別以淨土來描述涅槃的世界。以此為追求中心的宗派，就成了淨土宗。然而在淨土宗開展的階段中，曾經有一個時代採用過一種教人相信可以真正親眼看到淨土，亦即涅槃世界的說法。這是因為人活著絕不可能看到，所以內心相信死後就會實體到對岸。在死的那一瞬間，阿彌陀佛與諸菩薩都會來迎接的想法，這就是所謂的「來迎」。例如，就臨終來迎而言，活著的時候，若能先積善德，死時就會因此善德而有佛來迎接，帶往他方世界——出現了這樣的想法，而且不只是出家眾，在家居士也成為迎接的對象。

就像平安時代的書中，有一本《榮華物語》，這是描寫藤原家族的興衰，及道長和賴通的生活。道長蓋法成寺，於寺內供奉九尊阿彌陀如來，並拉了一條線。當自己快往生時，就握住這條線等待死亡，如此就能被帶往淨土。

這種現象不只發生在道長身上，一般庶民亦是如此。差別只是庶民比較寒酸，不是九座阿彌陀佛，而是一座。臨終時在枕頭下放一尊來迎接的佛像，並以五色線牽引著，庶民握住這條線，直到往生——這種現象就叫做「線引往生」，在當時廣被推行。人死的時候，在場的親友稱為看病人。如果往生者生前積了許多德，而且往生後又進行了這項儀式時，看病人就證明此人已往生極樂淨土。到底有多少人能往生極樂淨土？百分之一？千分之一？雖然無法知道有多少人，但去的人都被記載在《往生傳》中。因此有《本朝往生傳》、《日本往生極樂記》等的記載。所謂《往生傳》就是記載那樣做而往生淨土的人，那也是面對死亡的一種方法。活著的時候多做功德，死後就可以到彼岸淨土世界。因此要努力地積德，或者像等待死亡那樣，去面對死亡也是一種方法。

然而想想看，充其量畢竟這還只是消極地等待死亡而已，並不能讓人積極地活在人世間。因此，這種情形，在鎌倉佛教中受到許多的批評，難道活著就不重要了嗎？的確，死後能到那樣的世界，或許是可喜的事。從某種意義上看，我認為這只是消極地接受死亡。

於現生中覺悟「命」

到了鎌倉時代，出現了道元與親鸞兩位教界的名人。他們強調在活著的時候探究死的問題，因為你一直探討死亡的意義，反而會使你今生過得更充實有意義。親鸞所謂的「現生正定聚」，不是死後，而是活著的事。活著的時候，超越死的問題，如此從超越死的問題的當下，才是人生真正的開始。超越死的問題，是藉由面對凝視死亡才開始感知。先前所說的三法印，就是這件事；也就是要打破自己認為命是常的想法，而覺悟到命的無常；或者認為命是我的東西。遠離那種束縛、遠離執著，遠離有無（有或無的觀念），之後才會使自己鎮定下來。就是因為我們認為有明天，所以才會懶懶散散地一天過一天。虛妄的每一天，流逝的每一天。如果認為沒有明天（實際上就是沒有明天），天天都會過得很充實——我曾經請教過許多以前有過幾乎死亡，或罹患過重病的老師們，他們都異口同聲說「要覺悟沒有明天」——覺悟這點，才是充實人生的開始。因此勇敢面對人生最忌諱的死這個問題，反而使人更珍惜規劃一生。重視死就是要從這裡展開充實的人生，這個問題我想留待後面舉例說明。

對於隨波逐流的自己，始終認為命是屬於自己財產的我們，很難察覺到真相。總認為那是理所當然的事……。因為隨波逐流的人，並不清楚自己在這股洪流中。我經常舉這樣的例子：流行穿長裙時，就認為長裙最好。一看到人家穿短裙，就覺得那個人怎麼這麼土。相反地，當流行短裙時，穿長裙就顯得非常庸俗，這是因為所謂隨波逐流，就是當局者迷。

唯有當遇到一件超越自己的事物時，才會開始察覺到自己過去是在隨波逐流。所謂「超越的事」很難表現。亦即所謂「超越的事」，就是超越自我的思想、主意、本位主義。如果用自私的心態，再怎麼剖析自己，也找不到本我的。雖然口裡說反省，但以自私的立場再怎麼反省，也不可能真正反省……。試著讓超越個人自私立場或想法的更高真相，來剖析探究自己，才能開始撕破我執的外殼。

這種超越自己立場究竟是指什麼?譬如：室町時代的一休和尚，看到櫻花瓣而感無常，說：「散落的櫻花，留下的櫻花終究要散落」，如果從自然的世界來看櫻花會是怎樣呢?「哇！好漂亮的櫻花，那是重瓣櫻花吧！這是什麼櫻花呢?」「這朵真漂亮！」「這朵花髒了」，通常都是用這樣的尺度去衡量。但從超越的角度來看，就會出現一個因物觸景而使自我破除的世界。追求自我超越，真是一項重要學習。道元曾說：「修學佛道就是修自己」，這才是真正的學習。同樣也有老師向學生學習的。一般人的觀念「我是老師，你是學徒、學生」……。那是從上位者看下位者，這樣的世界是自我價值的世界、自我封閉的世界。然而看到天真無邪的小孩時，偶然的小動作和些許事情，反而倒讓自己受益良多，提醒自己注意自己的言行。因此超越自我，就是要不斷地突破自我。

如前所說，花生在殼中時，自認為世界是黑暗的。而在花生外面的世界＝超越自我的世界，隨時會以各種形式的問題來考驗我們，對那個問題覺醒與否？那是一個連雜草都能給予我們某種啟示，每件事都能增益我們智慧的一個世界。當我們面對自我，把自己當作一個探討的對象時，一切都能啟發我們，我們也逐漸瞭解這一切。如果不面對自己，這些都會視而不見，繼續過執迷的日子。

我們並非是向外求佛，而是向內心深處尋求超越的世界。唯有在自覺黑暗的地方，才能夠見到光明。認為必須在活著的時候，堅持這種立場的創新發展是直到鎌倉佛教才出現的。特別是親鸞聖人他們，是在遠離執著的世界，也就是我們把它稱為「自然法爾」——即「如實有如實行」的世界來理解此人生道理的。而且站在生命是被賦予的立場；亦即藉著與如來的相遇突破自我，同時立足於「不管生命是長也好、短也好，怎麼死都沒關係」這樣的世界，在那裡才能得到真正的安心、滿足。

向鈴木章子學習

以上也許太過偏於理論了，不管我講得天花亂墜，各位也許點點頭，表示贊同便算了。所以下面將舉幾個例子來說明：

首先是鈴木章子小姐的例子。

最近由京都的探求社出版了她的《在癌告知後——我的如是我聞》一書。去年（一九八八年）十二月三十一日剛過世。一九四一年（昭和十六年）出生於北海道的鈴木章子，是真宗大谷派（東本願寺）西念寺的坊守夫人。我不清楚「坊守」的這種稱呼，是否該宗派的特殊用語或習慣規矩？不過淨土真宗寺院的夫人就稱為坊守。她好像擔任過寺院經營的幼稚園園長，一九八四年四十二歲時，被告知罹患癌症而切除左乳。一九八七年四十五歲時，癌轉移到了肺，於是又割除左肺上半部。一九八八年四十六歲時，甚至轉移到各個器官。在被告知後，與死神纏鬥了四年又五個月，最後於去年十二月三十一日去世。

她把這四年五個月間，在病床上寫的手記、詩詞彙集成冊。由於癌症大大改變了她對生命的看法，我想就其中部分稍加介紹。她的生存之道，並非與癌搏鬥，或許應該說享受癌症還比較貼切。遭遇癌症的她說：

癌症是
我重新出發人生的
「預備——跑」的起跑槍聲
我現在要出發了

面臨死亡才是真正人生的開始。她是真宗寺院的坊守夫人，我想應有念佛信仰，但是與其說她本來就有念佛的信仰，不如說是因為那種處境才使得她有機會接觸真正的念佛。

我也是出生於寺院，住在寺院。但是卻難得有機會看到死亡的情形，對信仰始終沒有真正認真過。同樣的情況，我想她一定也是從罹患癌症之後，才真正踏上念佛之路吧！也就是說透過癌症，才使得她的疑惑消除了，而且貢高我慢的心消除了；自認為不會死的妄想也破除了。如以下她所說：

被告知癌症

有誰不連想到死亡
在現代醫學如此進步神速的時代
好不容易才能遇到
與死神面對面的疾病
隨時死去都不覺意外的我
過去竟然忘記才會如此自大
值得慶幸的是
它親身化為癌症
來為我除去我執我慢
關心到這個原本無可救藥的我
賜給我這種病
感謝呀慶幸呀
漸漸讓我看到
自己的愚癡
而讓我有幸坐在

今現在說法的法座上

所謂「今現在說法」一語，是出自《阿彌陀經》。於當下說法，亦即所謂當下就是永遠的現在，昨天也是現在、今天也是現在、明天也是現在……。當自己成為課題時，任何時間都是現在。——透過癌症的事實，突破自己的妄想；突破不死、生命永恆的妄想。

她並不把癌症當作自己的事，相反地把它當作如來給予的、恩賜的。於是說：

不要賜給我突然的死
我必須探究自己的生命意義和死亡
感謝賜給我癌症這樣的病
幸虧能夠持續注視著死
由於病情的引導
從身體的周遭為我開示
使我有幸坐在「今現在說法」（佛現在為我們說法）的法座
親身體會如來攝取不捨不思議之利益

把它當作被給予的東西而遠離執著，藉由念佛，當從如來那裡得到癌症時，她仍然把它當作「南無阿彌陀佛」的效能，而欣然接受。

這並非只是心情的狀態、或自以為是的想法。就像這樣，也許有人以為要承認命不是自己的，而是獲得的就行了，那還不簡單，但我說的並不是這個。事實上，是因為內心發生了粉碎自我，也許就是和使自己破除我執的力量會合，這樣的一個關鍵性機緣；亦即使自我崩壞破除的一個起點。正因如此，一切都顯得尊貴，生命因此充滿光輝。如果只是單純的輕易接受，在那裡就無法看到一切生命的光輝。由於粉碎自我，在那裡反而能看到生命尊貴、光輝的一面。

四十六歲

死的問題
不是現在才開始
打從一出生
就已經開始

卡啦卡啦地推著點滴架
一臉稚氣呈現在蒼白的臉上
九歲少年拖著沉重的腳步走著
抱在母親懷裡
連吸奶的力氣都沒有的
嬰兒身上
吊著好幾條管子……
如果注意到他們
我現在四十六歲
是多麼難能可貴的年齡

死的問題，因看到重病小孩的情形，或看到嬰兒吃奶的情形，使她粉碎了自己的生命是永遠的，生命是自己的這樣的觀念。所以說：「我現在四十六歲，難能可貴的年齡」。一般人會如何呢？四十六歲？平均年齡是八十歲，所以還剩下三十四年，大多會認為是不幸的人生。——正因為有這種粉碎自我的機緣，才這樣想。

我在探究這樣的問題後，在日本有許多機會與眾多的癌症告知患者，或不治之症的患者接觸。他們都會說：「瞬間是重要的事，現在的每一分、每一秒都不容忽視」。的確，因為藉著那些疾病而突破自我，才會有這樣的觀念。我們沒有突破自我，所以虛度許多時間。因此這絕非單純的思惟認定而已。

這種機緣，亦即藉由先前所說「超越自我的世界」；藉著與永遠的命、無生之生的相遇，突破了一切。她在〈我的歷史〉中，這樣說到：

我的歷史

我認為在我迄今的生活史中
有兩條歷史的痕跡
自己腳步的歷史
彌陀腳步的歷史
我覺得所謂命終是自我歷史的休止符
彌陀的腳步
依然持續著

——所謂彌陀的腳步，就是先前所說涅槃的世界、不變的世界。從未出生以前，到出生活在人間，甚至到死之後，都不曾改變地持續著。但所謂自我，是從瞬間自己想法的世界，以這樣的觀點來看。「所謂命終是自我歷史的休止符，彌陀的腳步依然持續著」，我寧可在還活著的時候，就體驗或追求這樣的命終。

在妙好人之中有一位淺原才市先生。所謂「妙好人」是一種特殊用語，從幕末到明治初年，接受真宗信仰的人稱為妙好人。這個名詞是鈴木大拙博士所提昇，並介紹給世人的。

在淺原才市這個人的歌中，有如下的記載：

才市的臨終、葬禮上
才市和阿彌陀佛進入此世界
於是才市是阿彌陀
阿彌陀是才市

這裡所謂葬禮或臨終，並非指肉體破滅的時候，而是才市用它來形容粉碎自我的瞬間，就是這麼一回事。由於粉碎自我而回到生命的故鄉，回歸的事情是約定好的。換句話說，「正定聚」——正確地回到涅槃世界的事是固定的聚集。可是因為我們還活著，還不能算是涅槃的世界。所以才改說獲得現生的正定聚。

鈴木章子女士如此地說到死的這件事：

所謂的死亡
並不是指一切俱消滅
只不過是回到
生命的故鄉而已……

住在生命故鄉的人，就稱為阿彌陀，或稱為佛。因此日本人死亡就叫作成佛。

這裡穿插個小插曲。有位伊藤榮樹的前檢察總長，出了一本書叫做《人死後變成垃圾》，於是鈴木章子女士有感而發，在她自己的書中寫到：

伊藤榮樹先生

你說「人死後變成垃圾」
那麼讓留下來的孩子
留下來的妻子
祭拜垃圾嗎
對你而言
已死去的
父親
母親
也是垃圾嗎
人死後成佛
這一點是
人類成就最後的安慰
自己只是作為一堆垃圾
而一去不回
就像一直未完成人生

寫得非常痛快，人死後變成垃圾，那麼死去的父親、母親不就成了垃圾嗎？這就是無的執著。

所謂有死後的觀念——有死後，即使死了仍存在有形狀的世界，這是有的執著。其實並非如此，而是應該擺脫有無的觀念，在《正信偈》中有句話：

悉能摧破有無見

所謂死，就是回到生命的故鄉。我覺得本來就是這樣的事情，不是嗎？因此生命一切的運作，已是普遍宇宙世界的事，也就是阿彌陀佛。所以才這樣表現：

不必有任何遺憾
已經夠了　啟介……大介……慎介……媽咪……你
大家都是南無阿彌陀佛

所以才這樣說：

下次成為南無阿彌陀佛諸佛，來成就你們吧！

鈴木章子死後回到無窮世界的事實，這件事以後還會持續對我們產生無限的啟示。教導我們不斷地覺悟，覺悟無限的作用。這就是她成為諸佛後，所發揮的神奇功效。

相反地，對於忘了死亡、忘了生命的我們，她說了些什麼？

健忘症

盲腸炎手術的病人
今天拆線
高興明天就要出院了
他卻忘記了
這個必會死亡的身體一點也沒改變
這種健忘症的人
在病床上到處都是

——不管是在這裡、在我們的周圍，患有這種健忘症的人，不知道是否也多如過江之鯽呢？忘了死亡這件事，當然很快樂。可是自覺死亡這件事，反而使生命更充實。接著她又寫到：

生死

一旦自覺死亡這件事
生的時候將更充實
死的時候會更安詳
真是不可思議呀

遇到死亡的事，反而使自己生活得更充實。或許有人認為在腦子裡不斷地想到死亡，不是會使心情鬱悶嗎？其實一點也不會呀！這就是佛教呀！

如果你只是為了滿足自己的欲望，而企圖利用佛教，保證你會徒勞無功。為了要長壽念南無阿彌陀佛；為了想賺錢念南無阿彌陀佛或拜佛，這並不是在敬拜佛。因為那只是在祭拜自己的欲望。這不能稱為有信仰，這只是貪得無厭披上信仰的外皮，並不是我們所關心的。

所謂的寺廟，我認為應該是尋找這種人生課題的場所，但我們的心在那裡沒有被探究出來的話，還是沒有用的。

因此她說，只要生命這件事成為你關心的重點，那麼到處都是聞法的場所。也就是思考死亡、生意義的場所。

我過去一直以為
說法是在寺廟
聽法師講
但自從罹患肺癌
到處都能聽到
如來的說法
這張病床上
就像法座的頭等席

心中沒有人生難題的話，是不可能學習到所謂的佛法。如果讀《歎異抄》時心中沒有課題，而一直讀的話，就不能說是讀《歎異抄》。所謂歎異，就是不斷感歎真實改變的自己，如果不一直追問自己的行為想法是否真的起了明顯的變化；也就是說，只是把它當作學問而讀的話，這樣是無濟於事的。因為這樣的話，一看不懂可能就會輕易地放棄。因此我才寫到，以學問而讀是不行的。所以我才特別強調要找回人性，不必在乎誰的學歷高低……。因此不論在何處，只要有人生難題的地方，道路就會開，所以說這裡有法座的頭等席。

這樣的學習當中，才會覺悟生命；覺悟一切的尊嚴。同時覺悟到平等的世界。只有站在生命立場，人才會絕對的平等，她這樣敘述下面的話：

朋友
處在死亡這種
絕對平等的情境
覺得好像任何人都能寬恕
人來人往中總覺得也充滿著
溫馨與關懷

死亡這件事平等地朝我們而來，就死而言，一切都被迫站在相同的立場。在共有死亡這個課題的地方，與財富的多寡、社會地位的高低都沒有關係，這裡存在超越一切心靈交感的世界。我想各位會來到「探討生死問題研究會」，主要也就是要探討死亡、注視死亡，甚至共同感受；或者透過注視自己的人生與死，反而更能創造出生命的價值與意義。我覺得探討生命，可以說是人權、教育、和平，舉凡一切的根本所在。

她在臨終前，作了最後一首〈無悔〉的詩：

無悔

一切牽掛的事
竟然就這樣完全消失無蹤
健康的時候
永遠想不到的事情
現在卻充滿整個心胸……
儘管我努力想找到一點遺憾
然而不可思議地

竟然一點也找不到
承蒙提醒我
把孩子、先生託付給
正確的人
偉大的人
大慈悲心
我已
安心……
滿足……

把事情完全地交待清楚，就可以安住在卸下一切煩惱重擔的世界了。她藉由癌症，亦即藉由面對死神，反而能夠結束了四十六歲滿足的人生，迎接滿足的死。而且藉著與生命真相的交會，突破對生命的價值觀、突破我執。

向竹下昭壽先生學習

接下來我想介紹竹下昭壽先生的例子。

先生於一九八八年由光雲社出版過《接受死亡宣告》這樣的一本書，此書好像也在《女性週刊誌》介紹過。

先生一九二八（昭和三）年出生於長崎縣。父親是國鐵職員，一九四四年去世。先生在四個兄弟中排行老三，雖為長崎縣人士，卻好像舉家親近福岡縣寺院住持聽聞佛法。先生一九四三年入伍海軍，終戰後一九四五年任職於當時的國鐵。一九五八（昭和三十三）年胃癌病發，當時並未被告知病情。一九五九年一月進行胃部開刀手術，由於癌細胞已侵襲了整個胃部，只做了方便進食的吻合手術，也就是所謂的By pass手術，將癌細胞原封不動而進行的By pass手術。出院後出診時的主治大夫是高原憲醫師，他是一位念佛醫生，因此我覺得先生是個非常有福報的人。接受高原憲醫師診察，同時又可聽聞佛法，甚至母親、兄長也能共沾法益。在這段時間，也接觸到金子大榮、藤琇璟、神戶大學鹽尻公明及八木重吉等人的書。一九五九年三月二十五日被告知癌症後，四月十七日就結束了三十年又五個月的生命。

從被告知癌症那天起，他開始撰寫日記，以下就是日記的內容：

「昭和三十四年三月二十五日——好久沒有提筆寫字了，總覺得不能得心應手。『死亡宣告』這個已經聽過好幾次的名詞，這一次竟聽到自己正式的『死亡宣告』。

今天早上陽光普照，雖然沒什麼食欲，但心情舒暢。下午一個多小時的午睡醒來，高原醫師來看診。因為前天高原醫師率直地問：有不舒服的地方嗎？就回去了。於是我告訴他，今天病情沒有一點好轉的跡象，反而比出院時來的疲倦。醫師似乎早就等待我開口問他，我到底罹患什麼病似的。

『胃癌』——令人難以置信的病名，依病情的發展，一切都太遲了。因為自己毫不知情，還一直嫌日子過得好慢好無聊。自從入院以來，母親和兄長們表情很凝重，我還怪罪他們呢！與其回憶住院時母親、兄長的情況下，與其回憶住院時母親、兄長憂愁的表情，不如讓自己想開點。

原來只有我完全被蒙在鼓裡，看在眼裡大家才會如此為我感到悲傷呀！

從醫師口中聽到『死亡宣告』時，不知道為什麼整個人好像快燃燒起來，處於非常的狀態吧！

往後還能活多久？不得而知。唯三十多年的宿業已經所剩無幾了，或許到今天也說不定，『今天這一天是多麼難得可貴』——高原醫師的一席話，真實而具影響力。將來或許還要受多少病魔的折騰，應該完成的宿業要自己去面對，離開此世就沒有機會了。這樣的業果就是親鸞上人或唯圓房大師也必須突破的地方，而且十五年前往生的父親亦然。

很慶幸自己能生活在充滿愛護之情的世間，三十年溫馨的呵護之中，而且又特別蒙受佛緣。不論在過去、現在都能活在佛教大慈大悲中。

晚上十點半，已經疲累不堪，今夜也該讓我休息吧！唯念佛。」

這就是被告知癌症當天的日記。

哥哥竹下哲氏——這位曾擔任長崎縣教育長的人士，在三月二十五日的日記裡說明了當時的情形：

「細心照顧弟弟身心的高原醫師，終於在三月二十五日懇切地告誡說：這是癌症，已沒有康復的希望了。透過令堂哀傷的背影，仰望如來的慈悲，這世上『全以學問，設避非謗，偏為問答上下工夫，甚不合理也』（此是《歎異抄》語）。應該要不斷稱念『汝一心正念，直我護汝』這樣的如來名號。」

醫師說這番話，我覺得他是個非常有福報的人。

「瞪大眼睛專心聽講的弟弟，此刻的心情有相當大的轉變，原本苦惱的臉色頓時消失。取而代之的是讚嘆如來的慈悲，以及感謝親朋好友的恩情，於是默默地念著佛號。實在太突然了，我們也被如來廣大的悲願所感動，也不由念起佛號。」

——他透過高原醫師學習親鸞上人，在《歎異抄》裡發現超越死亡的方法，甚至自覺應該回歸淨土。

據說高原醫師所寫，經常擺在他枕邊的一首歌中有這樣的一句話：

一切都是為我一人

今日一日生命尊嚴

——醫師所寫的這首歌就放在枕邊。

我覺得這種情況也潛藏著另一層意義，即讓家屬一起聽聞佛法。然而所謂他的聞法，從被告知癌症的第二天起，便更加勤快，請兄長在病床邊為他讀《歎異抄》。以下是哥哥哲氏於三月二十六日敘述當時的情形：

「應昭壽的要求，我從今天起在枕邊為他讀誦《歎異抄》，依次本文一遍，梅原真隆教授的現代語譯兩遍，然後本文再一遍。今天讀到第三條不禁悲從中來，眼淚奪眶而出，斷斷續續的讀著。我喜歡第一條的地方是『若能信彌陀不可思議誓願之悲救，必遂往生，而發心念佛之時，即蒙（彌陀）攝取不捨之利益。』」

在枕邊學習《歎異抄》，同時也成了家屬的悲傷復健教育(grief education)，即緩和家屬哀傷的教育。家屬要學習接納病人的事實，同時讓病人超越家屬的哀傷。

他在面對死亡之際，越發自覺其生命的尊嚴，以及應該回歸淨土了。在其臨終的日記上，三月二十七日的地方就有這樣的記載：

「三月二十七日早上六點半——從昨天中午到今天早上，一直很好睡。早上依然是個好天氣，心情也特別舒暢。

昨天母親和哥哥請高原醫師，把和歌寫在專供和歌俳句用的色紙上，精美地裱框後掛在牆上。

一切都是為我一人
今日一日生命尊嚴

非常符合我的處境的歌。為我一人——蒙佛菩薩的慈悲，此身所剩無幾的業報，果真能使我往生淨土，淨土真宗的恩情將謹記在心。

昨天早上請哥哥一點一點地為我讀誦《歎異抄》，緩緩地讀到第三條。梅原教授的現代語譯也不錯。

三月二十九日上午及昨天下午，大內老師來探望。與我交談，獲益匪淺。

《歎異抄》第九條的『然而，縱使再怎麼迷戀不捨，娑婆之緣既盡，無力而終時，亦得往生彼土。』愈是受大家的善待愛護，就愈「依戀」這個世界，那是因為投注人世間最濃厚的愛護之情。

然而只要婆婆的緣盡了，就可以直接接引我們到彼土，真的可能有這麼幸福嗎？不論我再怎麼被情緣所執，甚至『無力而終時』，竟然還肯讓我有幸即刻蒙佛菩薩引渡。

四月十二日下午——博之決定換工作了，應該很滿意才對（博之是弟弟）。想必母親也很放心，博之神采奕奕的樣子，看了令人欣慰。

水元叔來看我，簡直是心靈的慰問，只說幾句話眼眶就充滿淚水。叔父、叔母、敏昭——都是非常善良的人，一直處處照顧著我。

雖已搭上本願之船，煩惱船的纜繩還是放不下。

高原醫師昨天送我的歌，實在說得很有道理呀！

讓我搭上本願之船，我的心還是七上八下的。即使手忙腳亂的，也一定往生。無所畏懼的如來願船，彌足珍貴。

四月九日早上

走在生命終點的路上

蒙母親、哥哥擔憂的愛護之情
雖然如此還是一個人孤獨地走著
當走到盡頭的那一天
眼前即是淨土
諸佛菩薩來接引
呀！辛苦了！
在那當下就已是佛的成員了
那裡沒有病、衣、食、住的執著
無執著的世界——『淨土』
在那裡能讓我做盡情地想做真正最重要的事情。」

因此，他就這樣勇敢的接受死亡，四月十七日下午乘坐如來的願船，結束了充實的一生而回到淨土。

向花田正夫先生學習

下面要介紹的第三個故事是花田正夫老師的例子。

花田正夫老師這個例子，摘自先生所著《照亮生死巖頭之光》一書，此書是與會的國廣真量先生編輯，東京樹心社出版。

老師定居名古屋，一九〇四（明治三十七）年出生於岡山縣。岡山醫大唸了三年便中途退學，進入京都大學文學部就讀，在哲學系專攻佛教學。畢業後領有西本院寺僧籍，擔任別院、保護監察所等相關工作，並發行《慈光》雜誌。一九八六（昭和六十一）年因膀胱癌移轉至腎臟，在名大醫院接受腎臟切除手術。之後進出醫院四次，最後不幸於一九八七（昭和六十二）年病逝。有關罹患癌症的經過，老師做了詳細的敘述：

「今年二月突然大量的血尿，一接受檢查，赫然發現膀胱的惡性腫瘤，經幾次電療暫時控制住病情。但當被告知需住院手術時，過去從來沒有感到困惑的死亡問題，橫阻在前，再也不消失。雖然並不是這次必死無疑毫無生機，但從此以後，死亡就成了在我腦海中，揮之不去，又不能棄之不顧的問題了。就算這次病好了，此問題若不解決，一刻也不能心安。唯有此是人生一大事，是多麼彌足珍貴的事呀！……」

「有一天，禁不住嘀咕：『死亦是我』（出自清澤滿之《絕對他力之大道》，『生豈止是我，死亦是我，我等同具生與死。』）常聽人家說生死是一張紙的表裡，似乎有道理。然而實際上我的生活情感，怎麼可以說是表裡呢？簡直是差別十萬八千里。一死的話，一切都破滅了，「死」有誰承受得了。一聽到死就敬而遠之，近乎排斥，離得遠遠的。如日本醫院不用四、九號碼，西洋忌諱十三，但不管東方還是西方，從古至今恐懼、遠避死亡的心絲毫沒有差別。

就算再怎麼受佛慈光的照護，人類畢竟還是厭惡死亡。但怕的不是別人的死，最痛苦最悲哀的是自己的死。我們必須承認生是自己的事，死亦是自己的事。因此以前一直排斥在外，拒絕接受的死亡，其實一直躲藏在內心最深處。就算不同意，生也好死也好，都將溶入佛願海。於是死亡的陰影倒像是白天的燈火，漸漸淡薄後失去力量。生死對立間，死的陰影始終纏繞不離，但生、死、我溶入生死一如時，便能破除死亡的陰霾。儘管依戀不捨之情依舊，但已能坦然接受死亡。這樣一來，橫阻在前的障礙消失了，淨土的曙光照射進來……。」

「實際上，我在三十四歲得過結核病，四十六歲因心肌梗塞而罹患狹心症。當時的病情加上伴隨的種種苦惱，真是苦不堪言。但此愚鈍身軀，然未將死視為人生大問題，卻仍只想到如何趕快恢復健康，未來如何規劃事業及美好人生。

這期間也曾與親人、師長的死別，雖然感受到各種愛別離苦的悲傷，卻從來不曾想過自己也會死。

但是過了六十這回難治之症，死神隨時都會降臨。剎那間有如山谷回音般響徹我心，支持我並帶來曙光的正是《歎異抄》：

> 無急欲往生淨土之心，些微病勞，懼死而憂，亦係煩惱所為。久遠劫起流轉至今，苦惱之舊里難捨，未曾見之安養淨土，不興思念，誠煩惱熾盛所致。然，但娑婆之緣既盡，無力而終時，亦得往生彼土。又無急往之心，佛所殊憐者也。云云……。

句句都如此懇切、感人肺腑，內心的每一角落都是大智者的聲音。不只是外在親切的言語，而是和我溶於一身從內呈現出來的聲音。換言之，可以說就是自己的言辭……。」

「沒有值得高興之處，因為煩惱具足身、煩惱興盛的緣故，早就知道無急欲往淨土之心。尤其為佛陀大慈大悲之願力所攝，對自己死後的情形一點也不擔心，甚至對使自己覺悟到無用之身的珍寶，不知不覺流下悲喜的淚水。」

的確，花田老師透過清澤滿之「死亦是我」的這一句話，加上拜讀親鸞的《歎異抄》而得坦然接受死亡。

《照亮生死嚴頭之光》最後介紹花田躺著對夫人所說的話：

「《歎異抄》書中，這裡！這裡！只有這裡就可稱為《歎異抄》，真難得啊！……南無阿彌陀佛　南無阿彌陀佛」

就這樣安然地走了。

除此之外，還有很多這類的例子，木村無相先生啦！還有許多……。

對生命價值觀之轉變

總而言之，藉著生的時候，有機緣面臨死亡，才開始破除自己的執著和煩惱。如此卻反而從此展開充實的人生……我們把生命當成禁忌敬而遠之；或是把生命想像為東西；或生活在將生命視為私有化之中。如此一來，反而使我們更加迷惑。

由於科技之發達，追求長命百歲已是人類重大的課題，把期待放在醫療上的突破。然而光靠醫療科技仍無法擁有充實的人生，也不能度過充實的一生；更不能迎接一個圓滿的死亡。另一方面，如果沒有從內心底層進行前面所說價值觀的轉變，還是不能實現。因此只要有上述的轉變，哪怕只有二十六歲、三十六歲，也能滿意地迎接死亡。當今社會存在各式各樣的問題，高齡化社會、癌症告知的問題。其中就以高齡化社會的問題而言，如何規劃安排餘生？只要你仍活在「多餘、剩下」的觀點，或接受這種說法，那麼你還是擺脫不了生命的價值觀的執著。

採用「剩餘」的這種說法，只會加添絕望而已。為了治療絕望而聽聞佛法、打一場槌球、或做一些有趣的活動……。再多的點子終究還是絕望，為了想要達觀看開一點而聽聞佛法，這種情形並非佛教。佛教中說「斷念（諦める）」的「諦」是指清楚地看；是透徹了悟的意思，因此看清如實；看清未來的命運，從而突破自我生命的思想，這才是「斷念」的真實涵義……。

養老或過著無憂無慮的生活，已成為各地高齡化社會的課題，紛紛採取因應對策。或則在社會福祉方面，有許多專研高齡化社會的專家，所言皆是「如何安詳度過餘生？」之類的問題，這種話說得再多也是徒然。當熱衷於一場槌球運動時，或許可以暫時忘掉一切。但球賽結束回到家裡鑽進暖暖的被窩時，這些事跑到某個什麼地方去了？也就是死亡的問題仍會浮現在腦海中。因此仍無法解決「明天早上起床是否還能保住老命？」這種無常的不安，也許這樣的事情不會發生在病入膏肓的病人身上。即使以聽音樂的方式故作自在狀，那也只是暫時逃避罷了！

就此意義而言，我認為當今社會福利政策，或社會福利本身問題關鍵，在於這種治標不治本的措施，這樣是不對的。正如今天所舉的一些真人實例，如果不能自我突破覺悟主體的世界，這個問題就無法解決。那並不是別人的問題，而是自己的問題。換句話說，因為走向死亡的人——當然我也是走向死亡的軀體，每個人都凝視自己的生命，從那裡去探討生命的尊嚴；去探討超越生與死。若不以這種立場去改變一個人的價值觀，是不可能超越克服這個問題。

任何一刻死去都不覺意外的我，開始感到能活著實在太不可思議了。如果能覺悟那種不思議，就會珍視一切，甚至連呼吸喘氣也覺得非常珍貴神奇。如果忘掉生命的話，就連吸氣吐氣都會覺得沒有什麼了不起。看到長了一棵樹木，就輕描淡寫地說「啊！長一棵樹哩！」然而，愈注意死反而更覺得生命的可貴。連呼氣吸氣都能看出不思議，就能把茂密的樹木看作生命的光輝，這樣才是充實的人生、有意義的人生。所謂超越佛教死亡的問題，正是從這個角度切入。

前些時候，ＮＨＫ的教育電視上自大阪錄製了「佛教研討會」的節目，我想諸位應該都聽到當中的話題，雖然表面上還是在談物質文明—精神文明，但其中也談及命之文明＝生命文明。唯有站在生命文明的觀點，科學才能與心也就是宗教攜手並進。不然就無法超越現代社會的各種問題——最後矢野暢先生歸納這樣的結論。這意思是指慰問老者、治療疾病雖然也是不容忽視的問題，但確立生命文明才是最根本的要素，亦是主要的課題。

我會朝此目標好好的學習，謝謝！

後記

遭到周圍親友身故，或曾經體會死亡經驗時，對事物的看法、人生觀將會有所改變；癌症體驗的人也都深表同感。本書是繼以往刊行《死而後生》一書後，特別以癌症及死亡學習的事例為中心編集而成。

書中收載一九八九年四月至一九九〇年二月，在同朋大學研究例會的個案。限於本書主題，有些資料將留待下一次出集。其中阿爾芬斯・德根老師的作品是和同朋學會共同舉辦會議當時的文章，能夠收入本書再次對學會相關同仁致十二萬分謝意。

順序也許略有顛倒，因為過去例會的講師或發表者，都由與會者或聽眾中去挑選，除此之外，也請了對這類問題抱持高度關心的人士，無奈因為是公益義務舉辦的活動，經費非常短缺。來擔任講師的先生，都是基於和筆者的交情，及對此運動的共鳴，而只領些微的車馬費熱心贊助我們，藉此也鄭重地表示感謝。

還有經常義務協助本會運作，筆者研討會的學生諸君、畢業生諸氏、事務職員，以及本著創校精神來自同朋大學給予種種方便支援的單位，也由衷感謝。

藉由本書的出版，即使是一個人或多數人因而從死亡的體驗獲致充實的人生，將使我們倍感欣慰。

此外，本研究會去年特別討論會的講義錄《三生命體驗者的證言——狄斯·康學林之提倡》，也預計今年秋出版，屆時請讀者不吝指教。

最後要感謝的是與本書出版有密切關係，同朋舍出版編輯部的檀特隆行、大隈真實兩氏，以及急速公司的松葉洋一氏。

一九九〇年五月

探討生死問題研究會（毘訶羅研究會）代表　田代俊孝

生死學叢書書目

揮別癌症的夢魘

羽生富士夫／著
何月華／譯

癌症是現代人健康的頭號殺手，您對癌症認識多少？癌症等於絕症嗎？不幸罹患癌症的話，要如何面對死神的挑戰？具有「上帝之手」美譽的日本名醫，以他個人的切身經驗，懇切地告訴大家，以知識對抗癌症的重要，以及許多與癌症有關的預防、醫療等方面正確的觀念，是重視保健與生命品質的現代人必看的著作。

無生死之道

盛永宗興／著
郭敏俊／譯

面對人生的生老病死，您作何感想？對於世間一切的生生死死、死死生生，感到迷惑不解嗎？請聽日本著名禪師盛永宗興娓娓道來，以生活化、深入淺出的例子，帶領我們參透生與死的迷霧，體會「一期一會」、「遊戲三昧」的生命哲學，活在每一刻當下，生死將不再是人生痛苦的代名詞。

凝視死亡之心

岸本英夫／著
闞正宗／譯

本書是日本已故宗教學者岸本英夫與癌症搏鬥十年的心路歷程。當獲知罹癌，並被宣判只剩半年壽命後，他除了接受必要的手術治療外，也開始思索生命的本質，並陸續寫下手術前後，他在死亡威脅下的心理調適和哲理思考，他也因此將肉體生命從半年延長為十年。這其中艱苦的奮鬥歷程，句句珠璣，斑斑血淚，值得品味。

美國人與自殺

赫華德・庫盧諾／著
孟汶靜／譯

本書從心理、文化的角度探討美國人的自殺行為，並以十分具有啟發性的方式，陳述出過去三百年來西方社會對自殺行為的探索過程。作者成功地綜合了西方各學派分歧的自殺行為理論，而發展出一套嶄新且具有說服力的論點，在心理與歷史學界贏得極高的評價，對研究早期華人移民的自殺行為亦有助益。

宗教的死亡藝術

肯內斯・克拉瑪／著
方蕙玲／譯

本書以比較性、宗教性的方法，探討世界主要民族與宗教關於死亡、死亡的過程以及來生等等課題所採取的態度與做法。讀者將可發現，書中所列舉的每一項宗教傳統，都在指導它的實行者，不僅在死亡前，同時就在死亡的片刻裡，就能技巧地掌握死亡。死亡可說是一門牽涉到肉體死亡與再生經驗的宗教性藝術。

禪僧與癌共生

鈴木出版編輯部／編
徐明達
黃國清／譯

一位因罹患癌症而被宣告只剩三年生命的禪僧，如何活在癌症的病魔下，如何掌握人世間的生死，將餘生投注在什麼地方？本書即是與已故荒金天倫老和尚（日本臨濟宗方廣寺第九代管長）交往過的人，藉他們的證言撰集而成的報導文學，將老和尚以三年餘生充實為精神上三十年的生命風采，再度活現於紙上。

死亡的科學

品川嘉也、松田裕之／著
長安靜美／譯

人為何一定得經歷死亡？老年是否真的是人生的累贅？「腦死」就意味著「死亡」嗎？……這些疑問，在本書中都有詳盡的討論與解答。作者從生物學的角度出發，探討與生物壽命有關的種種議題，進而提出人類面對生死問題時應有的認識與態度，是一本將死亡學提昇到科學研究的難得之作。

死亡的真諦

小松正衛／著
王麗香／譯

當被問到：「如果人生可以重來一次，你希望擁有怎樣的人生？」多數的回答可能是出身好家庭，擁有高學歷，事業穩固，平安幸福過一生。但本書作者卻說：「世間非常艱苦，人生難行，但一路行來的人生，我還想再走一次。」是什麼樣的經歷與啟示，讓他如此達觀？請隨著作者一路前行，游入古聖先知的智慧大海……。

輪迴與轉生

石上玄一郎／著
吳村山／譯

「生死事大」，為了探究它，各種哲學與宗教已提出了許多答案，「輪迴轉生」便是其中之一。這種思想出人意料地貫通東西方，幾乎發生於同一時代。它的起源如何？呈現出那些面貌？果真能解決「生死」問題嗎？這些在本書中都有廣泛而深入的探討。

生與死的雙重變奏

齊格蒙·包曼／著
陳正國／譯

意識到必朽（死亡）與對不朽的追求，深深影響著人類的生命策略。人類社會建制與文化面向的型塑過程中，更存在著「解構」必朽與不朽的辯證和互動關係。而在「現代」和「後現代」社會，這種「解構」又出現了有別於「前現代」的許多變奏。且看包曼教授如何透過集體潛意識的心理分析，從不同角度詮釋「死亡社會學」。在必朽與不朽之間，您將重新認識現代人的社會與文化。

透視死亡

大衛·韓汀／著
孟汶靜／譯

本書所探討的論點，主要有下列幾點：一、在什麼樣的情況下，個體才算死亡？二、末期病人有沒有權利決定自己的生與死？三、器官捐贈能不能得到社會大眾的認同，進而成為一件普遍的事？作者以平鋪直敘的方法，為每一個論點作了總整理，提供讀者許多寶貴的資料與觀念，在臨終與死亡尊嚴等議題的探討上，能有進一步的認識。

看待死亡的心與佛教

田代俊孝／編
郭敏俊／譯

本書由八篇演講記錄構成，內容包括親人死亡的感受、個人的瀕死體驗、對死亡的心理準備、佛教的生死觀等，發表者有僧侶、主婦、文學家、醫師、佛教學者等不同人士，從各個角度探討死亡問題。正如主辦演講的日本「探討生死問題研究會」宗旨所示，如何在老、病、死的人生當中，正視死亡的事實，學習超越死亡的智慧，讓人生更加充實，是現代人的切身課題，值得大家一同來探討。

生命的終結

阿爾芬思·德根
早川一光
寺本松野
季羽倭文子／著
林雪婷／譯

在面對末期病患或臨終的人，甚至是自己生命的終結時，我們能做些什麼？該做些什麼？是本書所要探討的主題。四位作者分別從死亡準備教育、醫療與宗教、臨終看護等專業的角度，提供他們寶貴的經驗與意見，是關心此一議題的讀者最佳的參考。透過討論死亡，了解死亡，我們的生命必能更加美好。

從容自在老與死

日野原重明
早川一光
信樂峻麿
梯實圓／著
長安靜美／譯

隨著高齡化社會逐漸到來，種種老年心理與生活的調適、老年疾病的醫療、安寧照護等等問題，一一浮上檯面，這也是每個家庭和個人都要面對的問題。本書從接受老與死、佛教的老死觀、老年與疾病、末期照護等等角度，提出許多觀念與作法。藉由思考生命末期與老和死的種種課題，期望每一個人都能獲得一種從容自在的智慧與人生。

生與死的關照

村上陽一郎／著
何月華／譯

死永遠超越我們人類的「理解」，人類如果不能體認這個事實，醫療便會陷入「器官醫學」的窠臼之中。作者透過對現代醫療種種問題的根本探討，如醫療倫理、醫院內部感染、器官移植、安樂死、腦死、告知權、愛滋病等，重新思考生為何物？死為何物？什麼才是正確的醫療？觀念新穎，析理深刻，是您不可錯過的一部「現代醫療啟示錄」。

超自然經驗與靈魂不滅

卡爾・貝克／著
王靈康／譯

自古以來，人類對來生的想像便不曾中輟。「第六感生死戀」、「穿越陰陽界」等電影的風行，正反映現代人對轉世與投胎的濃厚興趣。但西方的唯物論和科學主義卻斥為迷信，到底孰是孰非？本書即在透過科學化的研究，深入探討死亡過程的異象與靈魂不滅的假設。顯像、附體、前世記憶、臨終體驗等現象是真是假？當生命結束後，人類某些「重要特質」會繼續存在嗎？本書有您想知道的答案。

超越死亡

霍華德・墨菲特／著
方蕙玲／譯

莎士比亞稱死亡為「未被發現的國土」，因為尚無人能像哥倫布發現新大陸一樣，在造訪該地之後回來向世人述說他的經歷。但自莎翁時代以降，有關這項古老秘密的研究工作，已有不一樣的風貌，本書即是其中的佼佼者。作者透過宗教、哲學、神秘主義以及經驗證明等比較觀點來檢視死亡，為我們揭開死後生命世界的奧秘。

生命的安寧

鈴木莊一等／著
徐雪蓉／譯

有別於一般病人，末期病人的醫療與照顧，需要我們投注更多的關懷與付出，才能幫助病人安寧地走完人生。本書六位作者分別站在醫療與宗教的角度，透過親身體驗，以「從初期護理看末期醫療與宗教」、「宗教對醫療之重要性」、「佛教福利與末期護理」、「日本療養院的宗教與醫療」為題，提出他們的看法，值得大家參考。

從癌症體驗的人生觀

田代俊孝／編
徐明達
黃國清／譯

當遭逢周圍親友身故，或曾經體驗死亡經驗時，對人生與事物的看法，將會有所改變，尤其有過癌症體驗的人更是如此。本書即是日本「探討生死問題研究會」以此為主題所收集的八篇演講實錄編輯而成。癌症雖可怕，卻也是生命的一大轉機。「向癌症學習」、「向死亡學習」，這樣的人生經驗，彌足珍貴。

心靈治療

佐佐木宏幹等／著
李玲瑜／譯

面對生死問題，人類的反應模式和其自身的「世界觀」有著密不可分的關係。自古以來，民俗宗教在醫療上所佔的地位，更是舉足輕重。但在宗教與醫療各自分工的現代社會，這種現象是否依然存在？民俗宗教與現代醫療如何相輔相成？信仰與精神醫學有何互動關係？新興宗教在日本社會又扮演何種角色？這些在本書中都有深入而廣泛的探討。

死而後生

田代俊孝／編
吳村山／譯

為了充實自我的人生，也為了能與面臨死亡的人同其感受，一起超越死亡的痛苦，深入探討死與生，不是很重要嗎？秉持這個宗旨，日本「探討生死問題研究會」定期舉辦研討會，並將演講內容彙集刊行，本書即其成果之一。正視死亡，才能讓生命更加充實。由生而死，從死看生，正有待我們認真玩味思索。